天下文化
BELIEVE IN READING

七個習慣

打造幸福家庭

The 7 Habits of Highly Effective Families

I firmly believe that family is the building block of society and that the most important work you or I will ever do will be within our family relationships.

原書名：與幸福有約

by Stephen R. Covey
史蒂芬・柯維

汪 芸──譯

目錄

The 7 Habits of Highly Effective Families

給中文讀者的話

史蒂芬・柯維

過去我一直以為自己會繼承父業，後來我發現自己很愛教書，更愛教商場上的領導者。我在念哈佛商學院時，對組織中的人性面深感興趣，後來我在楊百翰大學教了幾年課，同時兼任顧問與培訓的工作。

在那段期間裡，我迷上了領導及管理技巧的課程，並自行編寫教材，最後導出了「七個習慣」，接著，我把這些習慣應用到組織裡，又得出了「以原則為重心」（principle-centered）的領導觀念。後來，我決定離開大學，全職為各公司組織進行培訓工作。最後，我終於建立起一套作業，使我們能把這些教材帶給世界各地的朋友。沒想到「七個習慣」會成為世界性風潮，其中幾個術語甚至在美國造成流行。

天下文化推出一系列中文版套書，透過幾個問答，希望大家更了解我的想法：

一、《與成功有約》獲得全世界讀者的熱烈迴響後，如何規劃其他書籍的出版？

《與成功有約》在世界各地獲得熱烈迴響，證明了原則是永恆且放諸四海皆準的。我見過全球許多企業、政府、社區的領導者，發現每個人都渴望在這個劇烈變化的世界裡，追求某些確實存在且永恆的東西。這就是原則，具體的應用就是「七個習慣」。不論種族、性別、年齡、宗教、政治或社經地位為何，大家都對這些原則產生共鳴。因為內心深處，人們不但知道這些原則是恆真的，而且了解，以它們為重心的領導，才是維持成功的基礎。因此，七個習慣不只能夠應用在企業，更能運用在其他組織以及所有的人身上。社會上最基礎、最根本的組織，事實上是家庭。在家庭中，我們養成了性格與價值觀，進而影響了社會。所以說家庭是一個國家的根基。

我對於家庭有一個強烈的信念——如果能建立一個讓孩子成長為更有價值的個人的家庭，絕對能改變現狀，發展美好的未來。家庭對於人類潛能的開發，有著神聖的目標和責任，那就是用愛、憐憫、犧牲與努力，服務下一代與他人。

沒有人在臨終時，還希望能多花一些時間在辦公室。我們的心力應該奉獻給家庭、朋友，以及與所愛的人一起經營的豐富關係。這種對家庭永恆的愛和奉獻，在我的生命中永遠高居第一位，推動我繼續向前，所以我接著完成了《七個習慣打造幸福家庭》，這也是我自己最喜歡的著作之一。

《與生活有約》更是以原則為重心達至高效能的明證。透過書中真實人物的自述，我們看到他們如何面對真實人生、挑戰，以及如何秉持「七個習慣」的精神，過著高效能的成功人生。我遇過形形色色的人，從為人父母到公司總裁都有，他們吐露了內心的掙扎，以及如何在生活與工作的困境中，選擇以七個習慣創造出解決方案。這在在提醒著我，人的善是無疆界的，並再次證明了原則適用於所有人。我沒有創造它們，我也不擁有它們，我只能說自己不過是這些原則忠實的翻譯者罷了。

二、書籍出版後，自己從「七個習慣」學習到什麼？

我學習到很多，以下簡單列出：

（一）我發現，你必須了解「原則」與「價值觀」的差異。原則是外在的自然法則，最終會控制我們的行為；價值觀是內在的主觀想法，代表我們最強的感受，它會引導我們的行為。希望大家將來能做到「重視原則」，如此才能以更有效率的方式，得到想要的結果。

每個人都有價值觀。價值觀主宰人的行為，但原則卻決定行為及其帶來的後果。原則獨立於個人之外，無論我們是否覺察到原則的存在，是否接納、喜歡、相信或遵循它們，原則都不會消失或改變。我相信，謙遜乃所有美德之母，謙遜讓我們知道，控制一切因果的是自然法則，不是人。我們必須屈臣於原則下，因此應「重視原則」。

（二）就我在世界各地傳授七個習慣的經驗看來，我發現它是深具國際性的。雖然呈現及運用的方法不同，各文化也有差異，但原則不變。世界六大宗教都可以找到七個習慣的蹤影，在這些宗教國度傳授七個習慣時，我常引用各國的宗教教義。面對中東、印度、歐洲、美洲、非洲，乃至於北美原住民及其他少數民族，我都會這麼做。

芸芸眾生的問題與需求其實頗為相似，大家對這些原則也都很有感應，我們希望得到公義、雙贏，也都有道德感，只是每個人、每個文化的詮釋方法有些出入罷了。

（三）嚴格來講，組織雖無法「擁有」習慣，但是，我確實看到組織「表現」出七個習慣的特質。組織的標準或規定，就代表習慣；組織的系統與流程，也是習慣。事實上，即使個人是依據組織的規章行事，所有的行為還是很個人化的。我們訓練過上千個組織發現，七個習慣的原則適用於所有高效能的人。

（四）傳授七個習慣時，可以由任何一個習慣切入，也可以從一個習慣慢慢導入其他六個習慣，它們之間是息息相關的。

（五）雖然七個習慣是一種由內而外的改變，不過，若能先從外在問題著手，再進行內在改革，效果會最好。比方說，如果人際關係出現溝通不良或信任度低等問題，你可以藉此擬出所需的方法，先改變個人，再改革組織。因此，我在傳授習慣一、二、三之前，常常會先教習慣四、五和六。

（六）互賴比獨立難上十倍。人在面對「敵人」時，必須擁有獨立自主的心智和情感，才有辦法抱持雙贏的態度。當你渴望別人來了解你時，應該先主動去了解對方，如此才能在不妥協的狀況下，積極尋求第三種選擇。換句話說，充分的獨立性、安全感及自律精神，是創意式合作的必備條件。否則互賴不成，反落得固執己見，或者只是利用對方弱點來滿足自己。

（七）前三個習慣可以一言以蔽之，那就是「信守承諾」。接下來的三個習慣則可說是「讓別人參與解決辦法」。

（八）正直比忠實可貴。正直的信守對象是自然法則，而不是個人、組織或家庭。大部分的人會遇到問題，都是因為不確定「該隨波逐流？還是憑著良心做事？」當我們為了忠於個人或團體，而將處世原則丟到腦後，我們就喪失了正直。也許我們能暫時獲得歡迎，但畢竟無法持久。就像如果你常常在別人背後道長說短，別人往往也因此認定你將在其他場合中批評他們。

從某個角度看來，前三項習慣代表正直，後三項習慣則代表忠實，不過，它們其實密不可分。正直能產生忠實，如果你只顧著忠於某人或某組織，你將發現，自己的正直受到折損。最好是先做個可靠的人，再搏取別人的喜歡，因為信任與尊重最後將為你帶來愛。

（九）對所有人來說，七個習慣是一輩子的課題，每個人都會有退縮猶疑的時候。了解七個習慣很容易，持之以恆去做卻很難，它們雖是常識，卻不見得會變成人們的習慣。

三、無論是針對個人、組織、家庭或生活，未來推廣「七個習慣」最新的規畫是什麼？

七個習慣多年來都沒有改變。它們是這個快速變化世界裡永恆不變的事物。我們能做的，是將這些永恆不變的原則應用到生活中。任何環境或情況，七個習慣都能有效應用。

我希望再寫一本有關領導的書，讓大家更了解何謂「以原則為重心的領導」。這個概念是：「領導是一種選擇，不是一個職位」。我認為，真正的領導應該是最高藝術——能鼓勵我們投入的藝術。領導確實跟每一個人有關，無論身分是勞工、單親父母、總裁、經理或小型企業的擁有者，領導都是一種選擇，與職位無關。

「知識工作者時代」（Knowledge-Worker Age）已經來臨，我們的新任務，就是在組織裡盡自己最大的潛能。不只少數人，而是每一個人都能為了創新、發明、合作、發現新的思考與做事的方式而努力。能讓所有員工擁有成熟領導力的組織，就能夠在競爭日益激烈的全球市場中勝出；無法持續奮鬥的組織，終將逐漸凋零。

四、如果要為這七本書排出閱讀的順序，會給讀者什麼建議？

我想把閱讀順序的選擇留給讀者。七個習慣，在《與成功有約》、《七個習慣打造幸福家庭》、《與青春有約》有充分的探討；關於原則，以及它們對改變個人、組織所發揮的強大力量，我的每一本著作，當然也包括了《與時間有約》和《與領導有約》，都有探討。

不過，我建議先從以七個習慣為架構的其中一本開始閱讀，這對於理解原則很有助益，也能夠對七個習慣得到概括性的理解。每一個習慣都與其他習慣有所關連，每一個習慣也都有特殊的目標，它們能讓人能更臻完整。

如果家人在你心中是最重要的，你可以先從《七個習慣打造幸福家庭》開始閱讀；如果你認為幫助青少年是最重要的，那麼就從《與青春有約》開始；當然，如果你想要了解更多有關個人與組織方面的探討，可以從《與成功有約》開始。

五、能否給中文讀者一些閱讀上的建議？

我對這一系列書籍受到廣大中文讀者的歡迎，一直感到很驚訝。我要重申的是，這些原理原則都不是我的發明，它們是很久以前流傳下來的，大家共有的寶藏。這些高效能的原則，在東方文化豐富的哲學、宗教、歷史及文化傳承中，早已存在。當你依據良知生活，當你想成為更好的人，成就更好的家庭、社群、職業時，都可以發現它們長伴左右。

別低估自己影響他人和領導的能力。不管你的社會階級、地位、職務為何，你絕對有潛能領導自己和他人完成更偉大的事情。也許從一些小地方開始，但最後往往能造成大的影響。過著以原則為重心的生活時，你不但能實踐自己，也能幫助他人實現最高潛能。

我知道台灣人對學習與教育的熱情──這是各位的優勢。你們有很強的工作倫理、家庭觀念，當然你們也希望政府、經濟、企業、社會有所改進，這代表你們其實擁有許多機會改善每個人的生活。

希望你們堅持自己充滿願景、勇氣與熱情的道路。讓原則帶領我們，創造屬於自己的成功。

作者序

家庭，你最重要的事業

史蒂芬・柯維

我一生當中從未像撰寫這本書時一樣，感受到強烈的熱情——因為我最關心的領域就是「家庭」。

把書中所提的七個習慣應用到家庭是極為自然的。事實上，我就是從家庭生活中歸納出這七項心得。當你從書中讀到各個家庭分享自己了不起的生命經歷，陳述他們如何運用七個習慣，進而獲得美好成果時，你就會了解這一點。

我要和讀者分享自己和家人的許多經驗。每個家庭的處境都是獨一無二的，但是從許多層面來看，也有相似之處。我們都面對許多相同的問題，日復一日因應生活的挑戰。

撰寫本書時，有一點讓我很為難——我不確定是否應披露許多家庭的生活。一方面，我不願擺出一副無所不知的樣子；另一方面，我也不想隱瞞真心的感受或領會，我想跟讀者分享七個習慣的驚人影響力。

全書有五分之一的篇幅是我們自己的故事。雖然這些經驗僅僅是個案，但原則是放諸四海皆準的，你會發現，這些原則與自己有切身的關係。我希望這些故事能帶給你新的體認，對你的處境有所幫助。最重要的是，我盼望這些經驗能為讀者帶來希望。我希望讀者相信，這種思考方式真的有效、真的適合自己。我願與你分享經驗，提出強而有力的方法，使你在這個瘋狂、動盪、不利於家庭的世界裡，順利達成目標。

我堅信家庭是社會的基石，是個人內心充實的最大源頭，人生最重要的「事業」是家庭。美國前第一夫人芭芭拉．布希（Barbara Bush）對衛斯里女子學院（Wellesley College）的畢業生演說時指出：

> 做為醫生、律師或企業領袖，你的職責儘管重要，但再怎麼說你仍是一個「人」。人與人的關係——配偶、子女和朋友——是你最重要的投資。在生命的盡頭，你不會後悔沒有通過某次考試、沒有贏得某個案子，或者沒有做成某筆生意，而是會遺憾沒有花時間陪伴丈夫、孩子、朋友或父母……美好的社會仰賴的不是白宮，而是你的家庭。

我深信，人們若只在生活的其他層面努力而忽略家庭，社會將面臨嚴重危機。這麼做，跟在將沉沒的鐵達尼號上拚命修理甲板上的躺椅沒有兩樣。

導言

「當下」，是最好的開始

珊德拉．柯維

記得有一次，兒子約書亞參加一場籃球賽，比賽快結束時，我跟一位媽媽聊了起來。她說：「你兒子每次打球，你先生幾乎都來加油，真令我驚訝。我知道他很忙，要寫書、做顧問、到處奔波。他怎麼做到的？」當時我腦中閃現一個答案：他有位偉大的妻子兼全職助理。但是我把這念頭暫時拋開：「他總是先考慮陪孩子。」史蒂芬的確把家庭放在第一位。

史蒂芬曾對一群位高權重的企業家說：「公司若分崩離析，你會曉得要怎麼做才能拯救，你總會拿出個辦法。同樣的道理也適用於家庭。」人們大多知道該怎麼做，問題是：我們是否願意劍及履及？

史蒂芬和我都有快樂的童年，也希望孩子和我們一樣。幼年生活的景象深印在腦中，讓我們懷抱建立快樂安全的家庭的理想，我們常討論要創造何種家庭生活。隨著家中人口的增加，生活日趨忙碌複雜，我們明白，得付出精力、才華、欲望、願景和決心，才能成功經營家庭。你必須為它努力、為它犧牲；你必須滿心盼望，付出代價。

人們經常對我說：「你有九個小孩，真好。你一定很有耐性。」我一直無法了解這種推論，為什麼有九個小孩就該有耐性？為什麼我不該是精神錯亂的瘋子？照顧人口眾多的家庭實非易事。我想過單純的生活，只是史蒂芬總會提醒我，生活不可能回到過去。

史蒂芬在擔任顧問、演講和寫書等方面愈出名，愈需要四處奔波。這表示我們必須凡事預先計劃，免得錯過孩子的重要活動。然而每次出差，晚上他都會打電話回家跟孩子們說說話。「誰去接一下電話，」一個孩子說：「一定又是爸爸。昨天晚上我跟他講過了。這次輪到你了。」「好傢伙，叫他電影演完再打來。」他是孩子生活的一部分，與孩子關係密切，大家經常忘記他其實常常出差。

史蒂芬是個傑出的聽眾、終生的學習者。他經常提出問題，如飢似渴地探索別人的思想，希望聽到與自己不同的意見。他試圖活出自己教導與信仰的一切原則。他有一種不尋常的謙遜，也是個理想主義者（這是我們的福氣，也是要命的詛咒），他激勵並推動了我、推動了他教過的人和我們的子女。他使我們想更上層樓。他是個鬥士。

當我們努力實踐信念，往正確的方向前進時，孩子會接受我們的價值觀。不過，有時雖然我們是出於好意，卻仍會把事情搞得一團糟。怒氣叫人不肯妥協，自尊叫人進退維谷，我們經常誤入歧途；只不過我們不斷努力，終於一次次返回軌道。

女兒辛希雅三歲時，我們搬進第一幢屬於自己的房子，那是一幢窄小、嶄新、有三間臥房、位於住宅開發區的房子。我喜歡布置它，讓它變得更美、更有魅力。

我參加的讀書會在我家聚會，我花了好幾個小時清理，讓每個房間看起來完美無瑕。我急於向朋友展示每個房間，希望他們留下深刻的印象。那晚，我讓辛希雅早早上床。我以為友人們躡手躡腳進房看她時，她早就睡著了——然後，他們會注意到她可愛的房間、燦爛的鵝黃百衲被、顏色相配的窗簾……。

但是當我打開辛希雅的房門準備炫耀時，卻發現她爬下了床，把玩具攤得滿地都是，還掏空五斗櫃，抖開了拼圖和蠟筆——此刻她還在進行這項工程！簡直是災難現場。她露出淘氣的微笑，甜蜜的呼喚我：「嗨，媽咪！」

我暴跳如雷。我氣她把房間弄得亂七八糟，亂到沒有人看得出原本的面貌。我更氣她讓我在朋友面前出醜。我厲聲斥責她，打她的小屁股，然後把她抱回床上，警告她不可再下床。她對我的反應感到震驚，眼裡盈滿淚水。她開始啜泣，不明白自己做錯了什麼。

我關上門，立刻對自己過於強烈的反應感到難受。我很慚愧。我知道，我之所以失控是因為自尊作祟，而不是因為她做錯什麼。我生自己的氣，因為我的反應太不成熟、太膚淺了。我認為自己毀了她。

多年後，我問她是否記得這件事。她說不記得時，我才鬆了一口氣。倘若那件事發生在今天，我會一笑置之。當時我認為要緊的事情，如今已經沒那麼重要。我們都經歷了不同階段，譬如：在乎外表、希望受人歡迎、愛和別人比較、野心勃勃、希望受到肯定、想功成名就等。當我們責任日增、性格更為成熟後，這些目標都會消退。

我曾多次犯錯、大發雷霆、誤解對方、尚未了解實情就先下判斷、不肯傾聽、採取不明智的行動。不過，我也從錯誤中學習。我道歉、成長、調整觀念、了解成長的階段、不過度反應、從容應付困難、學著自我解嘲、少訂規則、多享受生活，我漸漸了解生養小孩本來就不容易——生理和情緒方面皆然。它使人筋疲力竭，也使人充實飽滿。

經過這些歷程，我明瞭為人父母基本上就是要犧牲。我在廚房掛一個牌子提醒自己：「懦弱的人不適合當媽媽。」你帶孩子經歷種種階段，但是到最後你不會記得其中的痛苦，你會記得為人父母的喜悅，記得自己曾經為孩子憂慮和犧牲。你會記得自己為孩子的成功而自豪，為他們的奮鬥而心焦。你會記得美好的時光與所有的歡笑。餵奶時你凝視著嬰兒，對於為人父母的職責與滿足感到敬畏與驚奇，你會記得這些情感深濃的靜默時刻。直到生了第七個孩子柯琳，我才明白這個道理。

我終於學會了拒絕不重要的事。當我坐在搖椅上往窗外凝望，一面給孩子餵奶，一面沉浸在親密的親子關係時，我很高興自己身在此地，享受當下，不再為其他待辦的事而焦慮，我心中充滿喜悅和平衡。我終於了解，這就是我要的。

每位讀者的家庭生活都極為獨特、私密。或許你跟我一樣，明瞭生活再也不像過往那樣單純，社會不再大力支持家庭，現代生活高科技充斥，步調更快、更為世故。

本書提出的理論和原則並非史蒂芬的創見。他不過是仔細觀察，然後做系統性的整理，提供一個架構和思考方式，讓你反省自己的處境，找出解決辦法。

幾年前，我的知心好友凱洛罹患癌症。經過好幾個月的放射線治療、化學治療和手術，她明白了自己的命運。

她從不問：「為什麼是我？」也從未表現出尖刻或絕望。她的價值觀徹底改變。「我沒時間操心不重要的事。」她說：「我知道什麼才是重要的，我曉得自己要先做什麼。」

當我看著她與丈夫、兒女和所愛的人親密相處，她的勇氣深深感動了我。她在臨終之際宣告了這一生的使命。從現在開始，你也可以著手寫下自己的使命。

沒有人能真正了解你的處境、你的問題，以及你的理想。你可以從本書汲取適合自己的觀念。某個案例或許能擊中心弦，讓你反省生活，提升洞察力，建立自己的觀點。對於自認犯過許多錯，或之前沒有把家庭放在第一位、此時已覺察家庭至為重要的人，我們想為他們帶來希望。挽回永不嫌遲，永遠不要灰心。

本書能幫助你著手改善處境。祝福你美夢成真。

前言

偏離軌道

You're Going to Be "Off Track" 90 Percent of the Time. So What?

即便是美滿的家庭，都有九〇%的時間是偏離軌道的。然關鍵在於：他們知道目標何在、何謂「軌道」，他們會一次次返回軌道。

這過程很像飛機的航行。起飛前，駕駛員會擬定計畫，他們很明白自己要去哪裡，也會依計畫啟程。但飛行途中，風雨、氣流、其他班機的停降、人為疏失和其他變數，都會影響航行，使得駕駛員稍微改變方向。所以，大多數的時間，飛機並未依循預定的路線。但除非遭遇重大問題，否則飛機總能順利抵達目的地。

他們是怎麼做到的？

在飛行途中，駕駛員不斷從偵測儀器、機場塔台、其他機器等處接收訊息。依據這些訊息，他們隨時調整，一次次返回航道。

我認為這是家庭生活的理想象徵。

對我來說，「偏離航道」形同家庭分崩離析。家庭希望的源頭，是「擁有願景」、「規畫」和「不斷返回軌道的勇氣」。

西恩（兒子）：

我覺得成長過程中，我家的爭吵不比別人少，我們有自己的問題。但是我相信，我們的關係之所以穩固，是因為擁有更新、道歉與重新開始的能力。

比如說，全家去旅行時，我爸總會擬定計畫，要我們清晨五點起床，準備八點出發。不過當天我們常睡得死死的。沒有人幫忙，我爸就會發脾氣。終於上路時，總是比預定時間晚了大約十二個小時。這時沒人敢跟我爸說話，因為他快氣瘋了。

我印象最深的是，事後我爸爸總會道歉。他能為自己發火一事道歉，這實在是一種謙卑的表現。

我覺得我家的特點是，即使我們渾渾噩噩，即使爸媽為家庭會議、家庭目標和家事擬定的新計畫看起來完全不管用，他們總是不灰心，總會繼續努力。

我家和一般家庭沒有兩樣，我也和常人無異。你仍然很有希望朝目標行進。關鍵在於：找到目的地、擬定飛行計畫，並且帶個羅盤。

成功家庭三大要素

本書的目的是讓你在理智和情感兩方面，都把「保有希望」視為第一要務。同時幫助你培養能讓自己和家庭不致偏離軌道的三種能力：

一、找到明確的目的地

此刻的你可能正掙扎著挽回婚姻，或為破鏡重圓而努力；或許你婚姻幸福，但是你想追求更美滿的關係；你可能是單親媽媽或單親爸爸，被種種要求和壓力壓得喘不過氣來；你的孩子可能正值叛逆期，或是被幫派、毒品所控制……。

你希望孩子自動自發，做好他們該做的事；你希望不用在家中扮演多重角色（而且顯然是互相衝突的角色）；你希望自己能更準確拿捏管教孩子的分寸；你希望擺脫養家的經濟壓力，多點力氣維繫家人感情；你希望別因身兼數職，每日與所愛的人擦身而過……。

也許你的家庭爭吵不斷，家人間情感淡漠；也許你跟伴侶間的愛情已經消退；也許你關切子女的家庭，卻不知從何幫起；也許你和兒子或媳婦間關係緊張；也或許你在成長過程或婚姻生活中長期遭受虐待，以致找不到模式或典範，因而不斷重蹈覆轍……。

無論你家裡的狀況為何，都不要跟別的家庭比較。沒有人能徹底了解你的問題，每個家庭都有自己的挑戰和包袱。

美妙的是，願景的力量超過包袱。比起醜惡的回憶或是眼前的問題，未來的目標——

期許生活與心靈都獲得改善——顯得更強勁有力。

藉著建立「家庭使命宣言」，我們希望幫助各個家庭創造家人共享的願景與觀念。接下來我將說明怎麼發展這種宣言，闡述它如何統整與強化家庭。

你可以帶頭建立更美好、更有效能的家庭願景，但是為了有效運作，家庭成員必須一起參與，協助這個願景成形——至少了解它、加入它。理由很簡單。你玩過拼圖嗎？或者你有沒有看過別人玩？先記下整體圖象很重要吧？一起玩的人是不是該記住相同的畫面？要是缺乏共享的願景，人們會各行其是，陷入迷航。

我們主張在家庭裡創造一個共享的願景。目的地若明晰，你們就能一次次返回航道。

二、擬定飛行計畫

訂定「導向目的地」的計畫，也很重要。讓我跟你分享一個例子。

有位好友跟我談起他兒子，據他的說法，他兒子「叛逆」、「令人擔憂」，而且「忘恩負義」。

「我不知道該怎麼辦，」他說：「情況糟透了。我要是想跟他一起看電視，他會立刻關掉電視離開。我跟他溝通過了，但沒有用。」

當時我正在教授「七個習慣」相關課程。我說：「要不要來上我的課？我們就要上『知彼解己』這個習慣了。我猜你兒子覺得你不了解他。」

「我早摸透他了。」他答道：「我可以想見他不聽我的，會有什麼下場。」

「我建議你先別對他做任何評斷。」

這位朋友上了一堂課，就覺得自己懂了。他對兒子說：「我想聽聽你怎麼說。我真的想了解你。」

「你從來沒有了解過我，從來沒有！」他兒子回道，然後拂袖而去。

第二天，朋友對我說：「史蒂芬，你教的法子不管用。我這麼努力，他卻這樣對我！我真的覺得沒什麼希望。」

我說：「他在考驗你。他發現你不是真想了解他，只是要他規規矩矩的。」

「他本來就該這樣啊！」他說。

我說：「反省你的情緒。你氣憤、挫折、暗地評判他。你能不能藉著最基本的傾聽技巧讓兒子敞開心胸？能不能收起對他的成見？你得改變自己的理智和情感。最後你將學會無條件的愛他、真心傾聽他的心聲。必要的話，你要為自己過去所犯的錯向他道歉。」

友人再度回到課堂上課。不久他體會到自己有了新的態度，對兒子的感覺變得更溫柔、敏感、開放。

「好了。我要再試一次。」他說：「現在我覺得，就算他拒絕我所有的建議也沒關係。我會不斷提議，因為他值得我努力。」

某天晚上，他在兒子身旁坐下：「我知道你覺得我沒有嘗試了解你。但是我希望你知道，我正在努力，而且會一直努力下去。」

男孩態度依然冷漠，並起身準備離開。朋友說：「抱歉，前幾天我不該在你朋友面前讓你沒面子。」

他兒子突然轉過身來：「你根本不知道當時我有多難堪！」他的眼眶充滿淚水。

「看見兒子落淚的那一刻，」後來朋友對我說：「我頭一回真心想聽聽他的想法。」他做到了。男孩漸漸打開心門。某次在我辦公室的走道上，朋友含著淚告訴我：「史蒂芬，我找回我兒子了。」

人際互動有某些基本原則，依循這些原則及自然法則，對於高品質的家庭生活至為重要。前面的例子中，朋友跟他兒子原本都違反了「設身處地」、「尊重他人」的原則。然而，後來父親試著實踐它們——誠摯、抱持同理心傾聽兒子的想法，於是徹底改變了原來的親子關係。

高效能的人在生活各層面都有「知彼解己」的習慣。你若發現一項普遍（適用於任何地點）、永恆（適用於任何時間）與不證自明（為它爭論顯然愚不可及）的原則，便能身體力行以辨識真偽。人際關係的世界裡，立基於普遍、永恆與不證自明原則的「七個習慣」，就像地心引力原理般真實，它們掌管生活各個層面。這些習慣不是戲法、不是捷徑，不是練習方法或執行清單，它們是一套思考和做事的模式。

前述那位友人學到的另一項原則是變化的本質——所有真實、持久的改變都是「發自內心」。他並未致力改變兒子，而是改變自己，由於發自內心的努力，他終於改變了情勢。這種「由內而外」的做法正是七個習慣的核心。

藉著持續應用包含在習慣裡的原則，你可以促使情況往正面的方向改變。再者，在改善問題方面，「注意原則」比「注意行為」效果更好。了解原則會讓人更明白自身的本性與可能性，進而激發潛能。

時代正劇烈變遷。過去，社會是家庭的盟友，提供家庭資源。人們身邊多的是角色楷模、典範、媒體強烈傳達的觀念，以及有利家庭的法律與支援系統等，這些都有助於維持婚姻，建立穩固的家庭。然而過去三十年到五十年間，大環境從支持家庭（pro-family）轉變成反對家庭（anti-family）。我們宛如駕駛飛機穿越動盪不安、不利於家庭的環境，當強勁的逆風陣陣吹來，往往輕易的把許多家庭吹離軌道。

某次我參加一場探討家庭問題的學術會議，會中有位男士告訴我他的經歷：

這位男士七歲的兒子最近彷彿有心事。他說：「爸，我就是沒辦法不去想它。」經過多方的勸說，他兒子終於說，他看了許多恐怖、醜惡的春宮照片。父親問道：「你在哪兒看到的？」兒子回答是九歲的鄰居帶他從電腦上看到的。「看過幾次？」父親問。「很多次。」

於是，這位父親前去見鄰居男孩的父母。他們得知後十分驚慌，把自己的兒子叫來，問他是怎麼回事。孩子瀕臨崩潰，放聲大哭：「我知道這麼做不對，可是我就是停不下來。」

原來是一個六年級的孩子給了這男孩網址，告訴他：「上網看一看，超酷的！」隨後這個網站便如同瘟疫般在社區裡迅速傳開。

我們的社會，怎麼會讓沒有足夠判斷力的孩童淪為猥褻圖片的受害者？過去三十年來，家庭的處境產生了劇烈的變化。一九四〇年起，公立小學的管教問題從學生嚼口香糖、在走廊奔跑，轉為懷孕、強暴和暴力攻擊。

同時，雙親中有一人在家照顧孩子的百分比，由六六．七％降為一六．九％。今日兒童平均每日看電視的時間長達七小時，與父親相處的時間卻不到五分鐘。

光有建立穩固家庭的意願，仍嫌不足，我們需要新的想法和技術——也就是本書所談的「七個習慣」。這個架構讓許多家庭即使在騷亂不安的環境，仍能運用它們步上正軌。

我鼓勵你每週安排一段「家庭時間」。這段時間，避免意外狀況或不速之客的干擾。你可以用這段時間規劃事情、進行溝通，或者跟家人談笑。我也建議你和家人定期安排一對一的談心時間，由對方決定談什麼。如果你能做到這兩件事，你的家庭生活品質一定能迅速提升。

為什麼要擬定使命宣言？為什麼要安排家庭時間？為什麼要一對一談心？因為世界變化太快，若不設計新的模式或架構，家庭將會被吹離航道。

哲學家懷海德（Alfred Whitehead）說過：「靈活運用自己充分了解的原則，這樣的習慣就是擁有終極的智慧。」你不必試上百種新方法，只要一個基本原則的架構，就能讓你在各種情況下加以運用。

這七個習慣建立了這種架構。藉由它，你可以了解各種家庭問題，並開出解藥，更可以找出改善或解決問題的前幾個步驟。這些習慣不是告訴你該怎麼做，而是提供一種思考方法，使你逐漸明白該怎麼做、在什麼時候去做。

三、攜帶羅盤

七個習慣的架構強調，你，是生活的創造力源頭，你的領導和以身作則可以成為家庭生活創造力的源頭。本書希望能幫助讀者認識並發展四項獨特的稟賦。這些稟賦將會提供指引，使人不致偏離正軌，讓人認識自己的生活，把生活和原則相結合。面臨困境時，它們會給你力量找出最恰當的行動，並努力實踐。

沒有人比你更了解你的家庭問題。「你」是當事人，「你」必須處理家庭生活的各種狀況，「你」能夠了解自己家裡需要什麼改變，並促使它實現。除了適用於各個情境的技巧和練習，更需要採行一種做法，讓你有能力把種種原則應用在自己的問題上。

俗話說：「給人一條魚，不如教他釣魚。」本書列出許多案例，說明不同的人在各種環境下怎麼運用七個習慣，用意是要「教你釣魚」。所以，你應該體會各故事的深意，在當中尋找適合自己的原則。

從獨立到互賴

本書的主旨在於高效能家庭的七個習慣。什麼是家庭的「效能」？就是「美好的家庭文化」。

這裡的「文化」指的是家庭的精神——家庭的感覺、反應、細微的變化和氣氛。它是家庭的個性——家人關係的深度、品質和成熟度；它是家庭成員建立感情的方式和對彼此的感覺；它源於集體行為模式的精神和感受，是家人互動的特徵。這些東西來自家庭成員內心深處共享的信念和價值觀。

我明白，「美好」的定義因人而異。我用「美好」來形容一種滋養人心的文化。在這個文化裡，家人深刻、誠摯、真心的享受共處的時光。他們共享信念和價值觀，依據掌管生活各層面的原則，有效的互動及採取行動。這是一種從以「我」為核心轉為以「我們」為核心的文化。

家庭是一種「我們」的經驗、「我們」的心態。從「我」變為「我們」——從獨立到互相信賴，是家庭生活最具挑戰性、最艱難的轉變。儘管美國文化顯然把個人自由、立即回饋與效率控制放在第一位，但是，沒有什麼比豐富、互相信賴的家庭生活更令人喜悅、滿足的了。

當你的快樂主要來自於他人的快樂時，你的立場已經從「我」轉變為「我們」，你解決問題的過程也會隨之改變。但是，直到你把家庭列入優先考慮，你的心態才會真的轉變。婚姻之所以往往淪為「兩個住在一起的單身貴族」，就是因為雙方的心態未由獨立轉為互賴。

美好的家庭文化重視「我們」。它會讓人一起努力，選擇並走向共同的目的地。它讓你們對社會或其他家庭有所貢獻，同時能夠面對將家庭拋離軌道的強大力量——我們身處的文化、意外的經濟變化、突發的疾病、爭鬥、缺乏溝通、批評、抱怨、計較等等。

家庭文化是「我們文化」

閱讀書中這些故事時，讀者不妨思考如何從基本原則中汲取觀念，找出可能運用在自己家裡的做法，就算跟書裡提的方法不一樣也無妨。

如果情況許可，我建議你立刻採取行動，促使家人加入改善現況的行列。要是你們能一起探索、一同分享，學習一定會更為深刻，關係也會更加穩固，同時能獲得更多的喜悅和洞察力。

一起學習是股強大的力量，能幫助讀者建立「我們文化」。每章結尾，我都列出若干起步的建議，提供你教導家人以及讓他們參與的方法。提醒你，別急，慢慢來，尊重每個人的理解層次，不要強迫對方接受這些看法。記住，和家人一起努力時，「慢」就是「快」，「快」就是「慢」。

再次強調，談到你的家庭，你才是專家。或許目前你不想帶動家人；或許你正在處理敏感的問題，此刻要求家人加入殊為不智；或許你要先想想這些觀念有沒有道理，再做決定……都無妨，因為只有你最了解自己的問題。我只想指出，根據多年的經驗，我得知：人們一起閱讀、討論、反覆探索、體驗新事物的同時，也建立起情感，愈來愈振奮。

這是一種同舟共濟的精神：「你我都不夠完美，但我們正一起學習、一起成長。」你們謙卑的分享學習心得，無意「塑造」對方，這種態度會消除別人加諸於你的標籤和判斷，讓你在安全、合理、允許出錯的環境中，繼續成長、改變。

要是你的家人剛開始很抗拒，別灰心喪氣。每當我們想採取新做法時，常常都會聽到類似這樣的反對聲浪：

「我們到底是哪根筋不對？」

「幹嘛花這麼大的力氣做這些事？」

「為什麼我們不能跟別人家一樣就好？」

「我餓了，先吃飯吧。」

「我只有十分鐘，時間到了我就走。」

「我寧願看電視。」

置之一笑，繼續努力。一切都會值得的。

當我詢問世界各地的聽眾，要他們列出生命中最重要的三樣東西時，九五%的人寫下「家庭」或「親情」。七五%的人把家庭放在第一位。我有同感，相信你也一樣。我們最大的喜悅和最深的痛苦都圍繞著家庭。

內心深處，我們知道喜樂的生活是可能的、合乎自然的、正確的。但是，當我們發現這種願景與現實生活之間存在著一道鴻溝，我們便感覺自己脫離了軌道，認定自己不可能擁有這樣的家庭生活，這種想法很容易叫人喪氣。但是，我們其實仍有很大的希望！關鍵在於你要由內而外不斷努力，即使脫軌，都要返回航道。

祝福你。我明白你家和我家不一樣。無論如何，我希望七個習慣能幫助你創造美好的家庭文化，讓你和家人享受圓滿的生活。

起步的建議——成年人、青少年篇

家庭生活就像飛機的航行

（一）問家人：家庭生活在哪些方面與飛機的航行相似？

（二）問：你覺得我們家什麼時候算是「偏離軌道」？如：吵架、互相責怪、批評等。什麼時候算是「步上正軌」？如：聊天、一起旅行、聚餐等。

（三）請家人回想一件「偏離軌道」的事。問：為什麼會發生這樣的事？還有什麼事會對你造成負面影響？問家人：我們如何回到軌道上？

（四）再讀一次西恩的話：「爸媽總是不灰心。」跟家人討論可以用什麼方法更有效的修正路線。

一起學習

（一）問家人：我們家該如何一起學習、一起分享？如：一起閱讀、聽音樂、分享家庭故事等。還有，這些事對我們家有多重要？

（二）想想怎麼把一起閱讀和討論本書，當作你和家人的承諾和義務。

（三）想想看，本章所舉的一些例子是否改變了我們對家庭和諸多問題的看法？

起步的建議——兒童篇

玩遊戲

（一）把一個孩子的眼睛矇住，帶到家中、院子裡或附近的公園。讓他返回時稍有困難，並確定回程路途的安全性。

（二）把孩子轉幾個圈子，告訴他任務是返回出發點。

（三）讓孩子摸索回家的路。過了一會兒，問他是否需要協助或線索。

（四）用「向左轉」、「直走」、「向右轉」等指令引導孩子回來。

（五）在孩子安全返家之後，詢問他有什麼感受。讓每個孩子輪流矇上眼睛，體驗摸索路徑的感受。

簡述遊戲的意義

（一）幫助孩子了解，家人往往需要互相指引，提供線索和協助，才能達成目標。

（二）討論有「家」可以依靠，是件多麼美好的事。

（三）幫助孩子明瞭，若家庭因有目標、有計畫、能互助，而變得穩固快樂，有什麼價值。

採取行動

（一）決議每週撥時間聚聚，討論你家的計畫。商量大家能怎麼做，以達成互助扶持、一同歡笑，以及保持親近等目標。

（二）規劃有趣的聯誼活動，如：拜訪親人、外出聚餐、看球賽和分享經驗。這些活動明白表示你重視家庭，身為父母，你願意付出，把家庭放在第一位。

1

習慣一

主動積極

Be Proactive

多年前我去夏威夷，在一所學院的圖書館裡隨意瀏覽，某本書吸引了我。翻閱時，看到一段引人深思的話，它對我的生命產生深遠的影響。這段話包含一個強而有力的觀念：

刺激和回應之間，仍然有空間存在。
在這片空間裡，我們有自由、力量，去選擇如何回應。
在我們的回應當中，蘊藏著成長和自由。

我反覆思索它所提出的自由觀念，把它用在自己身上。無論發生什麼事，在事情和回應中間，總有一片空間，我有自由和力量去選擇如何回應。我明白了自己可以選擇某種回應，反過來影響外在的刺激，成為幫助自身的一股力量。

一天晚上，我在外頭錄影時，得知珊德拉正在線上等著我接電話。

「你在做什麼？」她不耐煩的問，「我們今天晚上要請客。你現在到底在哪裡？」

那天我整天在山區拍錄影帶。最後一場，導演堅持要以日落為背景，於是我們又等了將近一個小時。進度落後已經讓我覺得挫折鬱卒。我硬邦邦的答道：「珊德拉，是你約了這些人來吃晚飯，別怪到我頭上。這邊進度落後，我又能怎麼辦？你得自己想辦法，我現在走不開。我還有工作要做，忙完了自然會回去。」

掛上電話走回拍攝現場時，我突然明白，剛才我的回應完全是被動消極的。珊德拉的問題合情合理，我不但不體諒她，反而沉溺於自己的難處，做出魯莽的回答，這無疑使問題更加嚴重。

我愈想愈明白自己的行為偏離了正軌。我知道，如果我更有耐心、更善解人意、更體諒她；如果我的出發點是愛她，而沒有因壓力而發脾氣，結果會大不相同。

問題是，當時我沒有想到這一點。我的反應不是出於能帶來積極結果的原則，而是出於當下的情緒，那些情緒蒙蔽了我，使我看不到內心真正的感受和真正想做的事。

開車回家的路上，我氣消了，心中充滿對珊德拉的愛與了解，我準備道歉。之後她也向我道歉。問題解決了，我們重建溫暖與親近的感情。

創造一個「暫停鈕」

面臨突發狀況，我們很容易當下直接反應，而說了不該說的話、做了不該做的事。事後你會想：「要是當時我停下來想一想，就不會有那種反應了。」人們若能依據內心深處的價值觀（而非剎那的情緒或情境）做出回應，家庭生活必定更加美滿。我們都需要一個「暫停鈕」（Pause Button），讓我們在事發當時稍微暫停，選擇要怎麼回應。

我們可以發展自己「暫停」的能力，也能在家庭中發展「暫停」的習慣，使家人能夠明智的回應。第一、二、三個習慣的重點，就是教導讀者在家中創造「暫停鈕」，使我們根據價值觀行動，而非當時的感受或情境。

人類獨有的四大稟賦

習慣一是「主動積極」。它是依據原則與價值觀做出回應的能力。這種能力來自於發展和運用人類特有的四項稟賦。哪四項天賦呢？讓我先跟你分享一位單親媽媽的經驗。底下是她的敘述：

多年來，我經常跟孩子吵架，他們之間也是爭吵不休。我總是論斷、批評、責罵他們，家裡的氣氛永遠劍拔弩張。我知道自己的嘮叨傷了孩子的自尊。

我試著改變，但總會回復負面的習慣和行為模式。這使得我厭棄自己，進而拿孩子出氣，之後罪惡感更深。後來，我持續的思考、冥想、祈禱，逐漸洞察到自己這種消極、挑剔的行為有兩項真正的動機。

首先，我逐漸了解童年經驗對我造成何種影響。小時候，我的家庭在各方面幾乎都是破碎的。記憶中，我父母從來沒有平心靜氣的討論問題，他們要不就爭吵、要不就各行其是，最後只得以離婚收場。

輪到我必須在自己的家庭裡面對相同的問題時，我不知所措。我沒有楷模和典範可以仿效，我也沒有去尋找模範、設法打開心結，反而把氣出在孩子身上。我發現自己對待子女的態度和我父母如出一轍。我不希望這樣。

第二，我希望藉著孩子的行為贏得他人的讚賞，也擔心孩子的行為使我難堪。由於對他們缺乏信心，我引導、威脅、賄賂並操縱我的孩子，好讓他們的表現符合我的期望。我逐漸了解，這種渴求外界肯定的心理，是孩子成長與學習負責的障礙。

這兩項看法使我明白，我必須克服自己的困境，而不是藉由改變別人來解決問題。我可以採取不同的回應。光是把痛苦的處境歸罪於父母或環境，實不足取。

承認這些事情並不容易。但是當我緩緩吞下這顆苦澀的藥丸，我有一種美好自由的感覺，我掌握了自己、我可以選擇更好的做法。

現在每當我遭遇挫折，我會暫停一下，反省自己想做什麼回應，比較它和我心中的願景有何不同，我不再脫口妄言或恣意而為。但掙扎並未就此結束，我常常得檢視自己內心深處的感覺，重新誓言打贏這場戰爭。

這位女性在事發和回應之間創造出一個「暫停鈕」，主動採取行動，而非被動的做出回應。她是怎麼辦到的？

注意，她能退一步觀察自己——察覺自己的行為。這就是人類特有的第一項稟賦：「自覺」。只有人類能跳脫出自己的生活進行觀察，甚至能觀察自己的思想，並加以改變。正是「自覺」引導這位母親，使她洞悉重要的道理。

她發揮的第二項稟賦是「良知」，也就是對道德和倫理的意識。「良知」讓她明白自己對孩子的態度有害無益，良知讓人有能力評估關乎生活的反省與觀察，良知不但給予我們道德感，也提供我們實踐道德的力量，讓人和本性裡最深刻、最溫良的原則合為一體。

這位母親運用的第三項稟賦是「想像力」。她能跳脫過去的經驗，想像出無論短期或長期來說都很有效的做法。當她說：「我掌握了自己。我可以選擇更好的做法。」她知道自己有這種能力。由於自覺，她能反省並比較被動消極的回應和想像中更好的做法，會導致什麼不同結果。

她用的第四項稟賦是「自主意志」，也就是令她採取行動的力量。她對抗深藏心中的消極回應，重新掌握自己的生活。她決心這麼做，也實現了她的希望。這位女士能克服走回頭路、找藉口、贏得肯定、滿足自我等等衝動，全得歸功於自覺、良知和想像力帶來的智慧。

自覺、良知、想像力和自主意志存在於我們的遭遇和回應之間。當這位女性建立並運用她的暫停鈕之後，她就變得愈來愈積極，也成為改變家庭狀況的舵手。她不讓被動消極的回應方式代代相傳，而從自己著手，摒除這種回應。她受苦，但她吃的苦有助於消除兩代間的隔閡——一種想報復、想扯平、想證明自己最正確的態度。她的家庭原本充滿報復、爭鬥，但她的努力影響了所有家人。你能想像她的貢獻有多大、她帶動的改變有多深、她提供的模範有多重要嗎？她微妙的帶動家庭文化的深刻改變。她正在寫一個新劇本。

我們都有能力成就這樣的事。沒有什麼事比得上察覺四項稟賦，進而搭配運用，帶動個人與家庭的改變，更高貴、更振奮人心、更有力量。

人人都有這些稟賦。即使你來自不健全的家庭，仍可以選擇把愛和仁慈傳遞給下一代，可以培養四項稟賦，讓它們滋養希望的種子，使你變成自己渴望成為的那種人。

第五項稟賦——幽默感

我覺得人類還有第五項稟賦——「幽默感」，它源於前四者的混合應用。幽默的觀點需要「自覺」，也就是洞見事物蘊涵的反諷與弔詭；幽默來自「想像力」，能用嶄新而滑稽的方式將事物重新組合；幽默來自「良知」，它振奮人心又不致貶損他人；幽默也源於「自主意志」，選擇幽默的心態，不消極回應、不被情緒淹沒。

談到美好家庭文化的發展，幽默感舉足輕重。在家庭文化中，穩健、趣味、統合、團結和強烈的吸引力，都仰賴歡笑。歡笑能夠紓解緊張的心情，使腦部分泌如腦內啡（endorphins）等振奮心情的化學物質。

幽默讓人際關係更平等、更有人性。它不僅是上述事物的總和，更超乎這些事物。幽默感是這樣的心態：「我們偏離了軌道——那又怎麼樣？」它提供合理的定位，使我們不致小題大作。它讓我們不過度看重自己，避免陷入焦躁、緊張、跋扈、不均衡、反應過度和完美主義的困境，不致沉溺僵化的道德觀而忽略了實際的問題。

當然，幽默感也可能過頭。一旦幽默過頭，人會變得刻薄，甚至輕浮草率，覺得凡事都無所謂。真正的幽默不是輕浮草率，而是輕鬆愉快；它是美好家庭文化的基本要素。跟一群歡欣、令人振奮、富有幽默感的人相處，會使人們想結伴同行。幽默感也讓人具備積極、上進、不仰賴被動回應的態度，使人從容應付生活的起伏。

「愛」是動詞

某次研討會結束，一位男士對我說：「我喜歡你說的主動積極的概念，但是每個人狀況不同。就說我吧。我跟我太太再也不來電了，我想也許我不再愛她，她也不愛我了。怎麼辦？」

「你們對彼此已經沒感覺了？」我問。

「是啊，」他再次強調：「可是我們都關心三個孩子。你說我該怎麼做？」

「去愛她。」我答道。

「可是我們對彼此沒感覺了啊！」

「沒有感覺就是愛她的好理由。」

「可是你怎麼去愛一個自己不愛的人？」

「朋友，愛是動詞。愛的感受是這個動詞結出的果實。去愛她。犧牲自己，傾聽她的話。發揮同理心，欣賞她，肯定她。」

好萊塢式的影片使我們相信，愛是一種感覺、感情是用過即扔的東西、婚姻和家庭與承諾及誠信無關。事實不然。看看周遭，與親愛的人關係破裂的人都會告訴你，這經驗有多麼痛苦。誠如《心靈地圖》（*The Road Less Traveled*）作者派克（M. Scott Peck）所言：

想愛不等於去愛……

愛是行動，出於人的意願。而意願則包含了選擇。我們並不是必須去愛，而是選擇去愛。不論我們多麼想愛人，如果不付諸行動，就無異於選擇不去愛。相對的，如果我們為促進自身與他人的成長貢獻力量，也得是出於自發的抉擇；那就是愛的抉擇。

有位朋友運用他的稟賦，每天積極的做出抉擇。下班回到家，把車停好時他會在車裡靜靜坐一會兒，設想自己進家門時希望帶來什麼樣的氣氛。他對自己說：「我要感覺自己對家人的愛，並把這份愛傳給他們。」

走進屋裡後，他會高呼：「我回來囉！拜託控制一下你們想抱我、親我的衝動！」他前去親吻妻子，和孩子玩成一團。做這些事的時候，他忘掉了疲倦、挫折，變成了家庭文化中一股自覺、積極、富創造力的力量。

任何成功的家庭都需要投入、努力、犧牲。愛是一個動詞。

發展稟賦

要發展這些稟賦，就得付出自覺的努力。其過程就像鍛鍊肌肉：鍛鍊肌肉時你得不斷拉緊肌纖維，直到它輕微破裂。當身體修補這條肌肉後，肌纖維會變得更強壯。調整動作以強化較弱的肌肉，遠比順其自然、只鍛鍊原本就強健的部位更重要。

類似狀況在生活中處處可見。人們習慣順著自己的強項行動。有時我們會試圖依靠他人，好讓自己的短處不致影響大局，這無可厚非，然而多數情況下這樣做並不管用——要充分展現能力，就得克服缺點。

與外界的人事物互動時，我們不斷有機會正視自己的缺點。我們可以選擇視而不見，也可以克服排斥感、做些突破，獲得新的能力。

答覆以下問題時，請思考你是否發展了這些稟賦：

請在下列代表行為頻率的數字中，圈出一個最接近你日常行為或態度的答案。

問卷調查

選出最符合你平常行為或態度的分數。（0＝從不，2＝有時候，4＝總是）

一、自覺

1. 我能從自己的思想或感覺抽離，加以檢討改變。 0 1 2 3 4
2. 我知道自己的觀念架構是什麼，也知道這觀念架構如何影響我的行為、態度，甚至人生。 0 1 2 3 4
3. 我知道我在生物、遺傳、心理、社會等方面各有什麼不同的條件，也知道自己內心真正的想法。 0 1 2 3 4
4. 別人對我的反應，與我對自己的觀感大相徑庭時，我能做客觀比較，並且反省。 0 1 2 3 4

二、良知

1. 有時候我聽到內心有個聲音，告訴我什麼應該做、什麼不應該做。 0 1 2 3 4
2. 我了解社會制約下所謂的良知與自己的標準有區別。
3. 我內心認同「正直」、「可靠」等自然原則。
4. 我可以從人類的經驗（不僅是社會）中看到支持自然原則的證據。

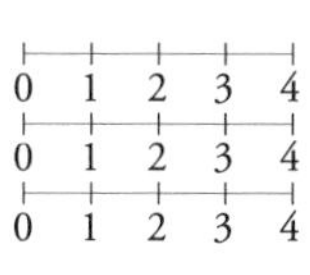

三、自主意志

1. 我能堅守對自己或別人的承諾。
2. 我能聽從內心的聲音，即使這意味必須逆勢而為。
3. 我能設定有意義的人生目標並努力達成。
4. 我能為了自己的目標或承諾而控制情緒。

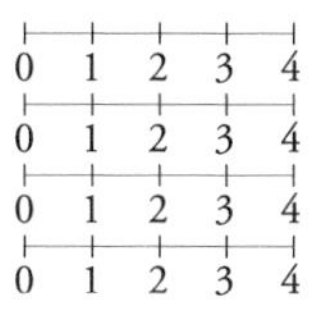

四、創造力

1. 我會先思而後行。
2. 我會想像超越現狀的生活境況。
3. 我會運用對未來的想像來堅定與達成目標。
4. 遇到問題時，我喜歡尋求新穎的解決方式，但也能接納別人不同的觀點。

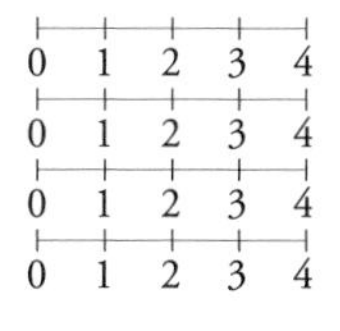

把四項稟賦的得分加起來，看看自己屬於以下哪一組：

0～7　未發揮稟賦
8～12　發揮稟賦
13～16　高度發揮稟賦

我發現，人們最容易忽略的稟賦是「自覺」。所謂「跳出困境來思考」（Think outside the box.），就是跳脫一般的思維模式和假設，也就是運用自覺。要是不能發揮自覺，良知、想像力和自主意志都無法跳出困境，你的思維仍會停滯不前。

四項稟賦的平衡點在於自覺。因為你能反省自己的想法，覺察你的念頭、感受和心情，就是以全新的方法建立了良知、想像力和自主意志的基礎。你超越了背景、經歷和心理的包袱。這種超越對人際關係和培養美好的家庭文化至為重要。

一個家庭自覺上的集體意識愈強，愈能反省與改進。若不反躬自省，我們便會根據自己的動機來判斷自己，依據他人的行為來論斷對方，如此一來，我們永遠無法了解別人、尊重別人，遑論改變。

要培養積極的態度，四項稟賦缺一不可，因為關鍵在於四者的融合與交互作用。有些人有原則、有良知，但缺乏願景和想像力。那他們行為的目標是什麼？有些人有很強的自主意志，卻沒有願景。這些人往往重蹈覆轍，缺乏有意義的理想。

家庭也一樣。家庭成員有了四項稟賦的集體意識，家庭才能夠追求更高的成就、意義和貢獻。四項稟賦都要獲得妥善滋養，形成強烈的自覺，使得創造力和想像力成為共享的願景。

「影響」範圍與「關切」範圍

聖法蘭西斯（Saint Francis）曾說：「神啊，求你給我誠摯的心，讓我接受我無法改變的事情；求你賜給我勇氣，讓我改變我能改變的事情；再請你賜給我智慧，讓我明白兩者之間的差異。」要明辨什麼事情改變得了、什麼事情無法改變，就要用「影響範圍」（Circle of Influence）和「關切範圍」（Circle of Concern）的觀念反省自己的生活。關切範圍涵括生活中所有事物。影響範圍則包含於關切範圍之內，指我們能夠著力改善的事物。

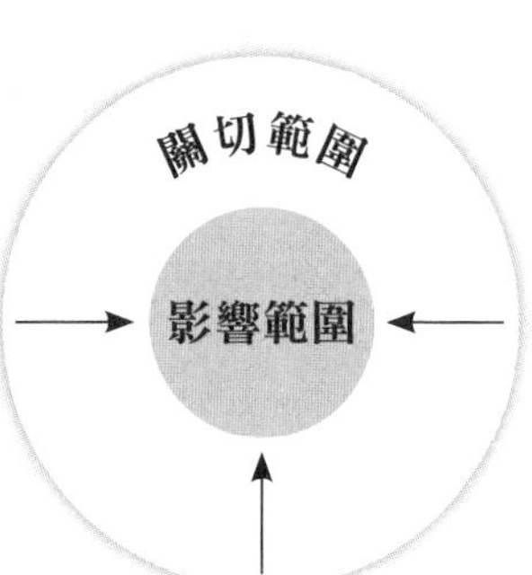

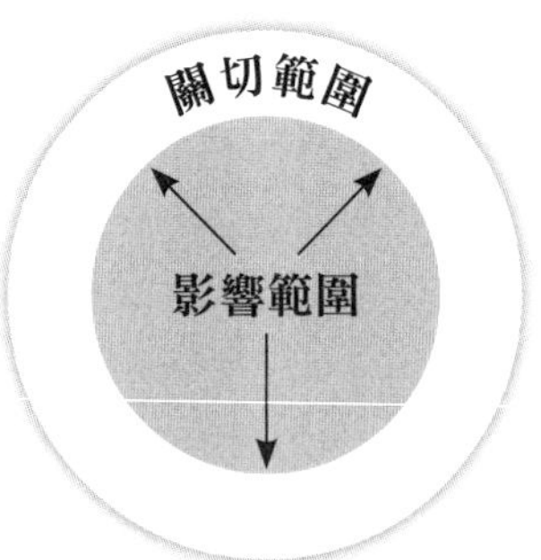

被動消極的人會把注意力放在關切範圍上。態度消極再加上忽視影響範圍的結果，就是影響範圍會日益縮小。主動積極的人關切的是影響範圍，影響範圍因而日益擴展。以下是一位男士發展影響範圍的經過：

青少年時期，父母開始挑剔對方。他們常常爭吵，雖然事後會和好，彷彿什麼事也沒有，但沒多久又故態復萌。

後來他們終於分居。當時我覺得自己該幫助他們破鏡重圓，我想那是為人子女的自然反應，你愛父母，想盡力挽回。

我對父親說：「你為什麼不去找媽，跟她道歉、挽回她？」他說：「我做不到。我可不要又被她踩在腳底下。」

我勸母親：「看看你們過去擁有的一切，難道這不值得你挽回？」她回答：「沒辦法，我就是沒法跟你爸相處。」

父母都覺得萬分痛苦、憤怒，拚命想教孩子們相信自己才是對的。得知他們要離婚，我簡直無法置信，「為什麼是我？」

之後一位好友對我說：「雖然這事跟你有關，但終究是你父母間的問題。你應該停止自怨自艾，設法去愛你父母，並支持他們，因為他們這時候最需要你。」

聞言，我突然明白自己不是受害者、明白自己可以使得上力。我支持父母，但不偏袒任何一方。原先他們責怪我懦弱，但後來愈來愈尊重我。我突然跳出了自己、家庭經驗和父母的婚姻，有了新的視野。此外我更捫心自問這段經驗對我有何意義，以後我想建立什麼樣的家庭？——我決心建立一份穩固、健康、不斷成長的婚姻。

從那時起我便發現，只要有決心，就能持續獲得力量，在事發當時吞下傷人的話，懂得道歉，重新開始，因為有些東西遠比發洩情緒更為重要。

扳倒對方的微小勝利，只會導致更大的疏離，進而剝奪婚姻提供的深刻滿足。日後每當我跟妻子意見相左，我又做出蠢事時，我總會道歉，強調我愛她，認定要和她共度一生。

這位男士的友人幫助他明白，父母的婚姻在他的關切範圍之內，卻在他的影響範圍之外；他了解自己無法挽回此事，但可以在其他方面付出。於是他開始把注意力放在「影響」範圍上，他努力去愛、去支持父母，而非被動的回應父母的情緒。他也開始思考自己的未來。他對婚姻的願景幫助他克服自身婚姻生活的挑戰。

你是否看到了，把注意力集中在影響範圍時，會帶來多大的改變？

「負起責任」（responsible）這個字的涵意就是「能夠回應」（response-able）——能選擇自己的回應方式。這正是「主動積極」的本質。我們能影響自己的生活。有趣的是，當你全心注意影響範圍時，影響範圍會逐漸擴大，甚至牽動他人的行為。

聽聽自己說些什麼

要辨別你是著眼於影響範圍還是關切範圍，最好的方法就是聽聽自己在說些什麼。如果你措辭帶有歸咎、譴責的意味，就表示你把注意力放在關切範圍。

「真不敢相信這些孩子竟然做出這種事！」
「我太太一點也不體貼！」
「為什麼我父親要酗酒？」

當你將注意力放在影響範圍時，你說的話會反映出你想要有所改變。

「我能教孩子明白行為的後果。」
「我能建立良性的互動。」
「我可以更了解父親和他的酗酒問題，並且影響家人，讓他們不致重蹈覆轍。」

不妨嘗試以下的實驗，看看你的態度是積極還是消極。你可以邀請家人一起進行。

（一）指出家裡的某個問題。

（二）用消極的言辭描述（或寫下）這個問題。把注意力放在關切範圍上。盡力讓對方相信這個問題不是你的錯。

（三）用積極的言語描述同一個問題。和對方討論你能做些什麼。說服對方，讓他相信你可以改善問題。

（四）思考這兩種說法差異何在。討論哪一種較接近你平時的行為模式。

教導孩子為自己的話負責，也可以幫助他們學會「主動積極」這習慣。

柯琳（女兒）：

最近我開始教導三歲的女兒對自己說的話負責，我告訴她：「在我們家，我們不說『恨』、『住嘴』，也不可以罵人『笨』、不可以人身攻擊。對人說話必須謹言，而且要為自己的言行負責。」

主動積極的作為可提升彼此信賴的程度，被動消極則會降低互信。你和某人若互信互賴、溝通順暢，在這種關係中，你甚至可以犯錯。雙方若無信任或溝通可言，你每一步都得戰戰兢兢。許多家庭的最大問題就在於家庭成員態度總是被動消極。這種狀況若日復一日，對整個家庭會產生什麼影響？記住，愛是動詞，你一定能採取某些行動改善現狀。

一位再婚的父親分享了他的經驗：

我一直自認是個誠實勤奮的人。我的工作和家庭都很成功，唯一的例外是我十五歲的女兒塔拉。

我曾試圖改善我們的關係，但每次都挫敗，她就是不信任我，我的所作所為彷彿只會適得其反。後來有個問題對我造成重大衝擊：「問問自己，你的存在會不會使家人更快樂？」

「不會。」我心想我的出現只會讓塔拉變得更糟時，我心都碎了。

之後我逐漸明白，若要改變這個事實，我得改變自己。我不僅要改變對她的態度，還要持續付出真愛，我不能跟她較勁，強行壓抑她的想法；我決心採取行動。

我決定未來三十天內，每天要做五件事情改善我跟塔拉的關係，而且只准建設、不許破壞。

某天下午，塔拉放學回到家，我微笑問道：「今天怎麼樣？」她僵硬的回答：「你管太多了吧？」我裝做沒聽到，笑著說：「我只是想知道你過得怎麼樣。」

往後幾天，我努力實現自己的承諾。由於過去我慣於反擊，每次相處我都意識到我們的關係充滿了冷嘲熱諷；我逐漸意識到，原來過去我總是期待她改變，而不願先改變自己。當我不再急著改變她，而全心全意在改善自己的感受和作為時，我也開始從嶄新的角度去觀察塔拉。我知道了，她不過是渴望愛。

我發現為她做些小事不過是舉手之勞。譬如她讀書時，我會安靜的走進她的房間打開檯燈。過了兩個禮拜，塔拉狐疑的看著我：「爸，你有點不一樣喔。你究竟怎麼啦？」我說：「我知道自己該做些改變，就是這樣。」

兩個多月過去了，我們的感情變得更深厚，雖然關係還不完美，但是愛和信任與時俱增。正因我用堅定誠摯的態度去推動，於是我也明白，隨著你的努力，自己會用不同的眼光看待對方，動機也會由自足自利轉為服務他人。

請注意這位父親如何發揮四項稟賦。看看他的自覺有多強，觀察他如何跳出所處的環境、看清事實、如何聽從良知的引導，注意他怎麼藉著想像力揣想不同的願景，看他怎麼運用意志力採取行動。

當他發揮四項稟賦，問題便大為改善，還改善了雙方對彼此的看法。因為他不再注意別人的缺點，而只關心自己的影響範圍，也就是他使得上力的地方。

請記住，一旦你的情緒受他人的態度牽動，就是把自己的力量（四項稟賦）交給了對方，生活便會受制於他人。但是當你注意影響範圍，盡力採取行動時，便大幅提高了自己的能力，得以用積極的態度影響別人。

讓我和你分享幾個觀念，這些實用的方法使你能立刻在家中培養主動積極的習慣。

一、慈愛、讚美、擁抱

多年前，我和兩個兒子共度了一個特別的夜晚，我們一同觀賞體操和摔角比賽，還看了電影。看電影中途，四歲的兒子西恩睡著了。散場時，我把他抱上車，脫下外套，溫柔的蓋在他身上。回到家，我立刻把他抱上床。六歲的哥哥史提夫換上睡衣、刷好牙後，我躺在他旁邊，談談今晚出去玩的感想。

「你覺得今天晚上怎麼樣？」

「還好。」他答道。

「你開心嗎？」

「不錯。」

「你最喜歡哪一段？」

「我不知道。我想是跳彈簧墊那一段。」

我覺得不對勁。我不明白史提夫為什麼不肯多談。回家的路上和準備上床的這段時間，他都太安靜了。突然間，史提夫轉過身子，面對著牆壁側躺。我覺得奇怪，便撐起身子。我看到他眼裡充滿淚水。

「怎麼啦？」

「爸，如果我覺得冷，你會不會也脫下外套披在我身上？」他轉過身問道。

這晚這麼多特別的節目，卻比不上一個小小的舉動？這個極具震撼力的經驗讓我知道慈愛有多麼重要！

論及人與人的關係，小事就是大事。細心、有恆、慈愛的去做許多小事，絕對是一件大事。

辛希雅（女兒）：

我記得青春期時壓力很大。功課一堆、得參加辯論小組，有時還同時參與三、四件事。有時候我回到家，發現房間井井有條。我知道是媽辛苦幫我清理的，因為我快被一堆事情給淹沒了。媽讓我輕鬆不少。我會走進自己的房間，低聲道：「謝謝你，謝謝你！」

要建立充滿信任的感情，微小的慈愛舉動幫助甚大。試想，家人若在對方沒料到的情況下主動幫忙、在小處表現愛意、表達感謝和欣賞，或是誠心肯定對方，會有什麼影響？表現善意和禮貌會使自己開心，也會改變家人，為親子關係開創良性循環。

此外，人們需要擁抱。「擁抱」在生理、語言、視覺和環境方面都有意義，在他人灌注的情感和冥想禱告帶來的精神慰藉之外，提供了另一種養料。

二、道歉

沒有什麼比跟別人道歉更能考驗自身主動積極的能力。安全感若是建立在自己的形象、地位或正確性上，要你道歉等於毀滅自我。道歉會徹底清除你原有的想法，使自己的稟賦發揮到極致。

柯琳（女兒）：

幾年前，我和丈夫麥特到我家在鄉下的別墅，準備與家人共度聖誕節。第二天我應該開車送媽去鹽湖城（Salt Lake City），但是我當時另外有事，無法送她去。爸曉得之後大發雷霆。

「你太自私了！」

他還說了些很傷人的話，我很傷心，猝不及防。

我頂嘴，不過最後仍順了爸爸：「好，我會照辦。」我知道他不想聽我解釋。

丈夫陪著我開車回家。「今天晚上我們不過去了，」我說，「我可不在乎有沒有跟全家人一起吃聖誕大餐！」一路上，心中縈繞著負面的情緒。

回到家，電話響了。麥特說：「是你爸爸。」

「我不想跟他講話。」我說，但最後我仍接過了話筒。

「寶貝，」他說：「抱歉，我沒有理由對你發火。但是讓我告訴你最近發生了什麼事。」他談到他們開始蓋房子、開支增加、事業發生危機……。他說：「對不起，我不該把情緒發洩在你身上。」我也向他道歉，我知道自己的反應也太過火了。我們重新建立了美好的關係。

爸爸當時很快就向我道歉，我想他花了很大的力氣跳出當時的情境。

即使你發脾氣的時間只有一會兒，要是不能勇於道歉，彼此間的感情仍會受影響。因為別人不知道什麼情況下會觸怒我們，所以他們只能揣測我們的行為，或是壓抑他們的自然反應以求自保。即便我們不同意對方的看法，還是可以表示「同意」——不是同意對方的見解（這種做法會使自己前後矛盾），而是同意對方有權利表示異議、有權利從自己的角度看待事情。我們偶爾都會發脾氣，一旦事情發生了，乾脆承認，謙卑面對，誠心誠意道歉。

「對不起，我讓你在朋友面前難堪。我跟你和你的朋友道歉。」

「抱歉，當時我不該打斷你的話。我只想到自己……」

請注意，這些話都用到四項稟賦。首先，你自覺有點不對勁。其次，你徵詢自己的良知，求助於道德與倫理觀念。接著，你知道什麼做法可能可行。最後，採取行動。忽略了任何一項稟賦，你會疲於奔命，拚命的自我防衛、辯解，以遮掩自己的侵略性。

三、忠於家人——不管他們是否在場

如果家人對彼此不忠實，在背後說對方的閒話、抨擊對方，這會對彼此的關係造成什麼影響？

「我丈夫是守財奴，花點小錢他都心驚肉跳。」
「我太太老是嘮叨個不停。」
「我兒子居然跟老師頂嘴。我難堪死了！真不曉得該拿他怎麼辦。」
「我岳母老是管東管西的，真不明白我太太為什麼不能解決這個問題。」

如果你發現某人說你壞話，會有什麼感覺？你對這個人的信任會產生什麼變化？你還會相信對方不會洩露你的祕密嗎？假使某人在你面前撥弄是非，你有什麼感覺？你難道不會懷疑，要是換了個環境，這個人可能同樣會說你壞話？

除了道歉，一個家庭應有的基本承諾與價值觀，就是即使家人不在場時，仍忠於他們。這不表示你沒有注意到家人的缺點，不表示你盲目樂觀、駝鳥心態，而是表示你將注意力放在積極面，而非消極面。即使談論他人的缺點，你也會用負責、具有建設性的態度表達見解。

有一回，我急著出去辦事。我知道如果我跟三歲的兒子約書亞道別，他會把我絆住。所以我對其他孩子說：「待會兒見。別告訴約書亞我出去了。」

往車子走去時，我忽然意識到自己剛才做了什麼。我決定轉身回到屋裡跟約書亞道別。當然，這就表示我得花些時間跟他聊聊，之後才有辦法出門，但是，這樣卻增進了我們之間的感情。

試想，那天我若沒有折返，會有什麼後果？

你對一個家人傳達的訊息，實際上是傳達給每一個家人。他們知道，要是你用這種態度對待某個人，同樣會這般對待他們。

同樣的，這用到四項稟賦。你必須有自覺；你必須有良知，能夠明辨是非；你得知道何種做法是良善的、可行的。最後，你還得有膽量實踐。

四、信守承諾

人們總問我，什麼觀念最能幫助人們成長，使他們創造成功的生活。我的答案十分簡單：「信守承諾」。事實上，本書前三個習慣都包含在這句話之中。

辛希雅（女兒）：

我十二歲時，某次爸爸答應去舊金山出差時帶我一起去。我興奮極了！有三個月的時間，我們一直在規劃這兩天一夜的活動。我簡直等不及了。

日子終於到了。我在旅館裡等爸爸。六點半時，他終於出現——和一位男士一塊兒，他是爸的好友，也是很有影響力的商界人士。

「真高興你來這兒，史蒂芬。今晚內人和我想請你去漁人碼頭吃海鮮。還有，你非得看看從我家望出去的景致有多好。」聽著聽著，我的心跟著往下沉。爸向他介紹我，這位男士說：「她可以一起來啊。」

這下可好了！我想。我又不喜歡吃魚！爸和朋友談話時，我會孤單的待在汽車後座。之前的計畫看來都白費了。

我永遠忘不了爸開口回絕的那一刻。他說：「比爾，我很想跟你們一塊吃飯，但是今天晚上我要陪我女兒。我們都計劃好了。真謝謝你邀請我們。」我看得出來爸的朋友很失望，不過他也很諒解。

那天晚上幾乎是我生命中最快樂的時光！

試想，承諾會引發多少興奮、期待和希望？我們對另一個人最基本的承諾，就是婚姻的誓約，和它同等重要的，是我們對子女的承諾。

一位男士曾對我描述他離婚的過程。談話時他顯得很自豪，因為他實現了對妻子和自己許下的承諾——無論發生什麼事，他絕不批評她。尤其在子女面前，他總是從肯定、積極的角度談論妻子。

當時，他們在訴訟和情緒方面都處於對立。他說，這是他一生中最困難的任務。不過他很高興自己做到了。他的努力使問題大為改善。儘管夫妻即將仳離，他仍然改善了孩子對他們的看法，也改善了孩子對父母、對家庭的看法。

五、原諒

對許多人來說，主動積極的最大考驗在於能否原諒別人。要是無法原諒對方，你就會永遠因此受苦。一位女士分享了她的經驗：

我在一個氣氛融洽的家族裡長大。家族成員之間的感情很深。母親過世不久，父親也撒手西歸。我們四個孩子聚在一起討論怎麼處置父母的遺物，沒想到發生嚴重衝突。當時的氣氛極為火爆，我們怒罵吼叫，互相攻擊，最後鬧到要對簿公堂。

我們分道揚鑣，不再互相探望、不再打電話問候。這種情況持續了好幾年。我經常感覺寂寞、痛苦。我總是想，要是他們真的愛我，就該打電話給我啊！他們究竟怎麼了？

有一天我終於明白，不肯原諒他們是一種被動消極的反應。那天晚上，我鼓起勇氣打電話給大哥。當我聽到他的聲音，眼淚決堤到幾乎說不出話來。大哥發覺是我，跟我一樣激動。我們搶著跟對方道歉，然後就聊起過去的事。我接著打電話給其他兄弟姊妹，幾乎整個晚上都在講電話。每個人的反應都和大哥一樣。

那是我生命中最美好、最有意義的夜晚。這幾年來，我頭一次感覺自己心中深藏的痛苦消失了，取而代之的，是原諒與和平所帶來的喜悅。我覺得自己重生了。

請注意四項稟賦如何在這件事中發揮功能。這位女士的自覺多麼深刻！注意她是怎麼與自己的良知和道德感緊密結合、又創造了什麼願景。這三項稟賦如何孕育出意志力，讓她能夠原諒家人，與他們重新建立親密的感情。

再次強調：如果你不肯原諒別人，你永遠會受苦。唯有真心諒解別人，透過信任和無條件的愛，你才能接納他人，同時促使他人改變。如果你無法原諒對方，對方只會把精力用來自我防衛，合理化自己的行為。

危機即契機

不管什麼時候，我們都要抱持主動積極的態度，把家庭問題化為轉機。

（一）某人某天「不順利」，這天就成為你慈愛待人的契機。

（二）冒犯了人，你就有機會道歉、原諒。

（三）有人閒言閒語，你就有機會表現對家人的忠誠，為不在場的人說公道話。

如果你觀念正確，「問題」便不再是障礙，而是道路；日常的相處會成為你和家人建立愛與信任的機會。種種變化都能增強全家的「免疫系統」。

我認識一位女士，她丈夫跟著岳父做了十五年生意，後來決定換工作，空出禮拜天陪伴家人。此舉激怒了岳父，從此不跟女婿講話。但是她和丈夫並沒有反擊，繼續無條件的付出。他們經常駕車到六十英里外的農場探望她父親。她丈夫總是在車上等她。她從未對父親施壓，也不要求他邀請自己的丈夫到家中作客。只要父親進城，她一定離開和丈夫一起工作的辦公室，陪父親四處走走。她丈夫完全支持她。

有一天，她又去農場看父親。她父親突然看著她：「要不要叫你老公也進來坐坐？」她簡直無法呼吸：「好啊，好啊！」她眼裡充滿淚水。

從那時起，這位女士的父親幫助她丈夫完成跟農場有關的案子。到後來，跟女婿的感情，就像跟兒子一樣親。

請記住，你可能努力好多年都看不到成果，別氣餒，事情仍有可為，努力永不嫌遲。要持續關注你的影響範圍，對最後的結果保持信心。

我和許多夫婦做過討論（他們絕大多數是我的朋友），他們因夫妻感情不睦而深感挫折，覺得已經智盡技窮。他們常常認為自己是對的，是對方不了解狀況、不負責任。這些夫婦落入一個循環：一方老在論斷、說教、譴責、批評；另一方則表現出防衛性，合理化自己的行為。

求助於我的通常是論斷的一方，他們希望我能「塑造」他們的配偶，或是肯定他們的說詞。我常建議他們不要企圖改變配偶，要轉而改變自己。當然，發生家暴問題的話，這種諮商不足以解決問題，但在絕大多數案例中，這種方法能使人成長，進而成就快樂的婚姻生活。

「主動積極」是培養其他習慣的關鍵

「主動積極」是培養其他習慣的關鍵。逃避責任、不肯採取主動的人，大多會待在關切範圍，總是責怪別人。主動積極蘊含人類特有的稟賦——選擇的力量，原則和良知都在我們心裡。教育家暨宗教領袖馬凱（David Mckay）說：「生命中最偉大的戰爭，就是每天在靈魂的斗室裡奮鬥不懈。」生命中最基本的選擇就是：決心在生活中扮演創造性的角色。

個人若能培養主動積極的態度，整個家庭也能步上積極之途。四項稟賦可以合力發揮作用，不但使你具備個人自覺，更能讓你整個家庭都有自覺；不但能讓個人有良知，更能令社會集體產生良知；不但使個人有想像力和願景，更能產生眾人共享的願景；不但有獨立意志，更有社會意志。

你會在接下來的〈以終為始〉一章中看到，人們如何產生這種轉變，並將之發揚光大。

起步的建議——成年人、青少年篇

（一）和家人討論：你覺得自己何時最主動積極、何時最被動消極？兩種態度的後果有何不同？

（二）詢問家人：我們如何加強主動積極的態度？

（三）請家人選擇一件能代表家中「暫停鈕」的事情，可以是個動作（比如打個手勢），可以是一個聲音（比如吹口哨）。任何人只要發出訊號，對方就知道他按下了暫停鈕。這時，大家都得停下對話、爭辯，想想會發生什麼後果。

（四）討論「暫停鈕」如何為家人提供機會，使家人放下眼前之爭，轉而重視真正重要的議題。

（五）請家人談談他們感到無能為力的事情。討論一下，大家若把注意力放在自己能影響的事情上，能怎麼更有效的達成目標。

（六）討論你們能做些什麼，好增進全家人的感情。鼓勵家人用一週的時間這麼做。到了該週最後一天，討論家人的感情是否有所不同。

起步的建議——兒童篇

（一）挑個孩子們都喜歡的「寶藏」，並找個安全的地方藏起來。

（二）為了得到線索，找到寶藏，孩子們得回答幾個能喚起良知的問題。正面的答案會使孩子更接近寶藏，消極的答案則使他們離寶藏愈來愈遠。

（三）找個盒子，鼓勵孩子為其他家人做些具有正面意義的事，記錄下來放入盒子裡，比如說：「爸，謝謝你帶我去打高爾夫球。我愛你。」「布魯克，你這個禮拜把衣服疊得真整齊。」「約翰今天早上主動替我鋪床。」「媽每個禮拜都帶我們去看足球賽，她真好。」找一段時間討論這些內容。

2

習慣二

以終為始

Begin with the End in Mind

有位年輕的父親談到他妻子如何以主動積極的態度面對兒子：

前幾天我下班回家，三歲半的兒子布蘭頓在門口迎接我。他臉龐發亮，興奮的告訴我：「爸，我是勤勞的人喔！」

稍後我才知道剛才發生了什麼事。稍早前，我太太在樓下做事，布蘭頓從冰箱裡拿出水罐，把冰水灑得滿地。我太太忍住發脾氣的衝動，耐心的詢問：「布蘭頓，你想幹什麼？」

「我想幫忙做家事，媽。」兒子驕傲的回答。

「你想幫忙做什麼家事呢？」

「我想幫你洗碗。」

「哦，那你為什麼要用冰水呢？」

「因為我搆不到水槽。」

我太太恍然大悟，環顧四周後說：「下次這樣子好不好？你叫媽媽一聲，我拉張椅子讓你站在水槽前面洗碗？」

「好啊！」布蘭頓快樂的喊道。

妻子把經過描述給我聽時，我明白她的做法有多重要。她能在刺激和回應之間留下空間，做出主動積極的選擇。她先想到終極目標，所以才能如此冷靜。在這個時刻，重要的不是保持地板乾淨，而是教養子女。

試想，這位女士的態度產生了多大的影響！她若聽任自己衝動行事，小孩會覺得難堪、有罪惡感。如今孩子受到肯定與欣賞，他的善意增強了，也學會用更好的方法幫助別人。這位女士深深明白，最重要的不是地板乾淨不乾淨，而是教導小孩。她看清了自己的終極目標，並據此採取行動。

著眼於「目的」

習慣二——以終為始。它的目的在於創造明確的願景，讓你和家人知道該前往何方。若你心中明確知道目的地為何，沿路的所有決定都會受影響。

這個習慣立基於「願景」。願景的力量強大無比，研究發現，兒童就是因為看得到願景，才有高昂的成就動機。在社會各個層面，願景都是推動人與組織奮發向上的重大力量。

本章將著重「以終為始」最深入、最重要以及最廣泛的應用層面：創造「家庭使命宣言」。家庭使命宣言是由全家人針對家庭與共同選擇的生活原則，提出相關且統整的看法。一切事物的出現都有兩個層面，首先是觀念出現（心智的創造），然後才化為現實，形成具體的存在。家庭使命宣言是先計劃，再啟程前航。

我在協助組織或個人（尤其是高階主管）時，經常要求成員們用一個句子答覆以下問題：「公司最重要的任務或目標是什麼？達成該目標的主要策略為何？」我會叫每個人高聲唸出自己的答案。他們經常為彼此的差異感到震驚，他們對於公司使命宣言的認知經常相差甚多。

你可以在家裡進行類似的實驗，問問其他家人：「我們家存在的目的是什麼？這個家有何意義？」或者「我們的婚姻有何目的？婚姻最重要的目標是什麼？」家人的回答可能會令你大吃一驚。

重點是，要統合整個團體觀念，使大家走向一致同意的目的地。

如果你不掌控事情發生的第一個層面（心智的創造），其他的人事物就會取而代之。創造家庭使命宣言就是掌握第一個層面，它不僅會決定你的家庭形式，而且能找出幫助你們達成目標的原則。

柯維的家庭使命宣言

我們從行動中學到家庭使命宣言的力量，接下來就跟你分享這些經驗。

你要是問珊德拉和我：「在你們的家庭生活中，哪一件事影響最深？」我們會毫不遲疑的回答，是「創造家庭使命宣言」。

我們的第一項使命宣言是在婚禮上建立的。第二項宣言則是在往後的十五年慢慢形成的。這些年來，使命宣言使得目的地和旅程成為家人的常識，也成為家庭文化和家中社會意志的象徵。

我們結婚的那天，婚禮一結束，珊德拉和我到一處公園散步。我們並肩而坐，談到婚禮的意義、談到彼此的原生家庭，還討論了在新的小家庭中，想延續或改變哪些事情。

我們對彼此做了全面、永恆的承諾，並決定將原則置於彼此和家庭之上。這個決定讓我們有足夠的力量能夠道歉、原諒、表現慈愛，一次次返回正軌。

愈是注意這些原則、把它們當成生活的核心，就愈能夠獲得智慧和力量。若是沒有做出這項決定，我們會更仰賴彼此的情緒以尋求安全感，而不是依據內心的操守。重視原則會使人賦予事情妥當的優先順序，讓我們透視生活的全貌，意識到要對自己的作為負起責任。

某天，珊德拉和我談到生小孩的事，我們列出了教養子女的原則。往後數年，我們常自問：「孩子要具備哪些能力，長大後才能做個成功的人？」

經過討論，我們想出了數種至為重要的能力，例如：工作、學習、溝通、解決問題、悔悟、原諒、服務，以及玩耍享樂等。我們有一個願景，就是希望每天吃晚飯時，大家聚在一起，一同歡笑、共享經驗、建立感情、討論彼此的價值觀；我們希望孩子互相喜歡、欣賞。這個願景為家中許多活動指引出方向，我們依據它規劃家庭活動。

我們也關心教育的價值，希望孩子在學校扎實的學習，而不是走捷徑、光想著得高分和拿文憑。除了關心孩子在學校的學習狀況，我們也給孩子機會，讓他們把學到的東西教給父母。

這些年來，「以終為始」的做法對我家產生深遠的影響。我們逐漸了解，所有成功的組織都有使命宣言，晚近的研究發現，誠懇的宣言不僅攸關公司的成功和生產力，對員工的快樂和滿足感也很重要。

家庭是世界上最重要、最基本的組織，也是社會的基石，可是現實狀況是：家庭成員大多沒有共享的願景與實現家庭意義的觀念。然而共享的願景和價值觀正是家庭文化的精髓，我們必須創造願景，指出我們希望這個家發展成什麼模樣、根據什麼價值觀過活、支持什麼信念。

我們開始創造使命宣言，為孩子安排活動，幫助他們發揮四項稟賦；我們讓孩子提出自己的看法，一起腦力激盪；我們逐漸提出更廣泛、更深入的議題。

我們問家人：

我們想建立什麼樣的家庭？
什麼樣的家能讓你喜歡帶朋友回來？
家裡什麼事會讓你覺得難堪？
家中有什麼事使你感覺自在？
家有什麼力量會讓你想回家？
有什麼力量會吸引你接近父母、接受父母的影響？
你有什麼力量，使父母願意接受你的影響？

我們要孩子說明他們認為重要的事情，開放的討論，並思考這些特質。我們一起討論每一份宣言。花了八個月的時間，我們終於寫好使命宣言，連我母親都參了一腳。

目的地與羅盤

「家庭使命宣言」對我們家影響之深，最好的說明是用飛機的比喻：它給了我們目的地與羅盤。使命宣言使我們清晰看到大家一致的目的地。我們將它寫下，掛在起居室的牆上。我們經常看著它自問：「我們是否達到大家決定的目標？」拿自己的行為和這份宣言對照，就可以知道自己是不是脫軌了。

沒有方法能證明某個行為是否要緊，或是衡量某事的重要程度，可是有了明確而共享的願景與價值觀，我們就能評估他人的回饋，藉以改善自己。此外，「有目的地」的感覺讓我們更加了解眼前的處境，了解目的地和旅行的方式是緊密交織的。

當然，我們家也不是毫無問題，但是在大多數情況下，我們覺得家裡充滿信念、秩序、愛和快樂。我們努力用負責而獨立、有效而互賴的方式生活，並且試著實現有意義的目標。

使命宣言讓我們把四項稟賦化為「羅盤」，藉以依循正軌，知道自己想實踐哪些原則。全家聚在一起探討事情使我們達到另一個新層次，得以更了解這些原則，更願意為它們奉獻。

家人相處時，個人的自覺變成了家庭的自覺（亦即能夠把全家人看成一個家庭），個人良知變成了家庭良知（也就是家中成員共享的道德標準）。當我們達成一致的協議時，想像力就變成了創造性的統合綜效；當我們同心協力實踐原則，自主意志就變成了互賴意志或社會意志。

這是使命宣言最令人振奮的成果——創造出社會意志、創造出「我們」的感受。這是我們的決定、我們的決心，我們決定要這麼做、要變成什麼模樣。它代表集體的自覺、意識和想像力，三者合而為一，效力增加，產生集體的承諾、表達與意志。

藉著這種方法，我們合力發揮稟賦，創造出「家庭羅盤」協助我們決定方向，引領我們前進。

如何創造家庭使命宣言

根據我們家以及我協助過的數千個家庭的經驗，我發展出三個步驟，任何家庭都能藉由這三個步驟建立家庭使命宣言。

第一步：探索家庭目標

這個步驟的目的，在於讓所有家人表達自己的感受與構想，你可以依據自己的情況任選以下一種方法：

（一）夫妻的使命宣言——你的家庭若只有你和配偶，你們可以特地撥出幾個小時相處，待氣氛適合時，討論你們希望建立什麼樣的感情，談談以下問題：

我們想要有什麼樣的夫妻關係？
我們想怎麼樣對待彼此？
我們希望如何化解彼此的歧異？
我們希望如何處理財務？
我們想成為什麼樣的父母？
我們希望怎麼教導子女過著負責任的生活？

我們如何幫助孩子發揮潛能與才華？
我們要各自扮演什麼角色？
我們如何與對方的家人建立良好關係？
我們從各自的家庭帶來哪些傳統？又希望保留、創造哪些傳統？
我們喜歡或討厭哪些承襲自父母的特質？又如何改變源自原生家庭的特質？

請記住，過程與成果一樣重要。花時間和對方相處，深入討論這些議題。最後的成果一定要包含每個人的意見。

一位女士說道：

二十年前，我認識了現在的丈夫查克。當時我們倆都很怕跟人談感情，因為前一次的婚姻讓我們遍體鱗傷。令我印象深刻的是，查克把他在婚姻中想要的東西寫下來，貼在冰箱的門上。造訪他家的每一位女士都有機會看到——他的態度公開而明確。

開始交往時我們就討論過那張清單。我添加了幾項對我很重要的事項，齊心齊力追尋我們渴望在愛情中得到的東西。這段歷程對我們的婚姻產生深遠的影響。如今那張清單已經深印心中。只要我們察覺不太對勁，就會立刻開誠布公的討論。

婚姻的使命宣言之所以重要，是因為兩個人之間總有歧見，當他們置身於最敏感、最親近的關係中，若不花時間釐清彼此的差異，創造共享的願景，這些歧見可能會讓他們分道揚鑣。夫妻如果無法培養對「愛」的共同看法，你想他們會累積多少問題？如果他們沒有學會討論問題、面對衝突，會有什麼後果？

仔細思考婚姻問題你就會發現，每個案例的問題幾乎都源自彼此的期望互相衝突，或是解決問題的策略彼此牴觸。

當夫妻陷入共謀甚至互相依賴的狀態，兩人都「需要」對方的弱點，好證明自己的認知無誤，讓自己的作為看起來合情合理；當解決問題的模式互相衝突，問題與歧見就會愈滾愈大。反省你婚姻裡的問題，看看它們是否源於彼此的角色期望衝突，或是雙方解決問題的行為模式有所牴觸。

互相牴觸的行為模式通常表現在兩個緊密相關的領域，第一個領域是「目標和價值觀」（也就是「事情應該是什麼樣子」），第二個領域是「假設現實是什麼樣子」；要了解這兩個領域，有賴於「自覺」這個稟賦。這兩個領域是彼此關聯的，當我們說「出了問題」，往往是指事情現況不是「它應有的樣子」；對婚姻中的某一方而言，問題可能極為嚴重，但對另一方來說，問題搞不好根本不存在。

人們的立場往往是個人經驗的產物，受到生命中視為楷模的人物所影響。在所有婚姻中，這些事都必須攤開來談，找出解決辦法。

這種夫妻雙方分享彼此對角色的期待、解決問題的策略、感情的願景和價值觀，進而達成協議的討論，就叫做「共同建立使命」（co-missioning）。換句話說，它是使命和目標的混合體。它連結雙方，使彼此有相同的目的地；它超越了「你的做法」和「我的做法」，進而創造出「我們的做法」，讓雙方一起努力探索彼此的歧見，進而解決問題。

丈夫與妻子一塊建立使命是相當重要、相當有影響力的。你會發現，即使家庭使命宣言已經囊括子女的意見，夫妻雙方仍會希望保留一份「婚姻使命宣言」，以反映彼此之間的獨特關係。

如果你們的孩子都已長大成人，你可能有以下疑問：

怎麼做，才能讓子女與孫兒女獲得更多的成長與快樂？

我們能幫助他們滿足哪些需要？

與他們相處時，應該遵循什麼原則？

我們應該用什麼樣的方式參與他們的生活？

如何幫助他們發展自己的家庭使命宣言？

你可以考慮規劃一份囊括三代想法的使命宣言。請記住，明智教養成年子女，永不嫌遲，他們一生都需要你。教養子女時，你也是在教養孫兒女，教養模式會延續下去。事實上，照顧第三代正是再次教養子女的良機。

（二）三人以上的使命宣言——家中有小孩時，使命宣言的重要性更為明顯。孩子需要有歸屬感，需要接受教導和訓練。在成長過程中，他們會從各方接受影響，如果沒有統整的願景和價值觀，他們將在缺乏家庭認同感的情況下盲目摸索，所以絕對不要輕忽家庭使命宣言的重要性。

孩子還小的時候，通常喜歡參與建立使命宣言的活動。他們喜歡跟人分享自己的構想，幫忙創造家庭認同感。

凱瑟琳（女兒）：

我和丈夫在結婚前曾經討論過我們期待的家是什麼樣子。我們希望家庭充滿歡笑，彼此坦然互信、愛情長存。討論之後，我們寫下了家庭使命宣言。隨著孩子的降臨，內容稍有修正。生老大時，我們手忙腳亂，老二出生後，我們比較鎮定，更明瞭自己希望怎麼教養小孩。

之後，孩子們為使命宣言添加了幾個項目。我們發現，孩子們對建立宣言的過程感到很興奮。我們把使命宣言貼在冰箱門上。之後，孩子仍經常提到這份宣言。這種提醒實在太重要了！

一位父親分享了他的經驗：

四年前，我和妻子、兩個孩子以及同住的岳母，一同建立了家庭使命宣言。最近我們針對內容重新討論，看看是否需要調整。

討論的過程中，十一歲的女兒莎拉提到，一個人就能給全家人帶來壓力，影響所有人。我想她是在指外婆，因為那陣子她的外婆有些生理變化，連帶影響到情緒，經常態度乖戾的對待孩子。

莎拉並沒有明確提到外婆，只是提醒全家人都該注意。但當時外婆立刻有所領會，主動表達改進的意願，我和妻子立刻附和：「我們都會這樣，我們都需要改進。」所以我們的使命宣言加了一項：「壓力大的時候，加以察覺，不要拿別人出氣。」

光是建立使命宣言的過程，就會使家庭更加健康，因為它促使家人分享感受，提供暢所欲言的安全空間；這空間之所以安全，是因為大家討論的重點不是「人」，而是「問題」。

對兒童來說，這種經驗真是美妙！他們知道自己的構想和感覺受到重視，也明白自己對於創造新的家庭形貌大有貢獻！

家中若有青少年，要創造家庭使命宣言可能比較麻煩，你可能會發現他們心生抗拒。在我們家，幾個年齡較大的孩子一開始對這件事並不感興趣，只想趕快結束話題。不過，我們設法讓氣氛輕鬆一點，並不斷推動，之後他們就逐漸產生興趣了。

另一位父親分享了他的經驗：

我過五十歲生日那天，決定帶妻子和兩個正值青春期的女兒去夏威夷，花一週的時間學習「七個習慣」，一起建立家庭使命宣言。我計劃每天早上和家人一起閱讀並討論一個習慣，下午則安排娛樂活動。我把這項計畫告訴女兒，她們的反應十分冷淡。

「哦！把春假拿來讀書，我要怎麼跟我的朋友交代啊？」

「這該不會又是一次三分鐘熱度的『爹地自助計畫』吧？」

我不為所動，說道：「我保證這次旅行一定很好玩。這是我真正想要的生日禮物，你們去不去？」

兩聲沉重的歎息，「好吧，」一個答道，「好啦，」另一個也同意了。

日子到了。登機後，我交給她們七個習慣的影本和摘要。過了一段時間，她們才拋開女性雜誌，開始閱讀那份資料。不久，她們紛紛提出問題。

抵達夏威夷後，我們除了享受沙灘，每天更花一些時間閱讀，然後在吃飯的時候討論。過了三天，大家都感受到這些觀念的力量。最後一天的晚上，我們開始條列家庭使命宣言的草稿。

「各位，這份使命宣言必須包含大家對這個家的期望，誰願意先開頭？」女兒們毫不遲疑的表達她們的意見，並且真心相信我。她們的反應顯示出她們認為這是「她們的事」，而不是父母裁定的結果。

回程途中，女兒談起這段經驗使她們思考得更深入。一個女兒說：「爸，你的生日禮物就是送給我們這個禮物。」

過了一段時間，這位男士告訴我：「我無法描述這段經驗對我個人和家庭產生多大的影響。」我要他舉個例子。他說：

回家後不久，我和妻子必須離家數日。我問孩子，我們不在的時候，她們希不希望找人陪伴？我永遠不會忘記她們的回答：「把家庭使命宣言貼在冰箱上就行了。你們不在的時候，我們會依循那些原則做判斷。」

你可以召開家庭會議，向孩子介紹使命宣言的觀念，推動這件事。幼兒注意力集中的時間較短，每週討論個十分鐘，連續進行數週，遠比漫長的探討更有效。大一點的孩子喜歡參與討論，但你仍須讓討論顯得有趣。切記讓每個人感到自在，放心的參與討論。

若察覺孩子對此事心懷抗拒，你可以在吃飯時隨便聊聊，談談家庭目標，不必提到

「使命宣言」等字眼。你也可以問他們對這個家有何看法、希望家裡有什麼改變，引導對方思考家裡的事情，培養家庭使命的觀念。切記要保持耐心。你可能要花上數週的時間凝聚家人共識，才能真的開始討論。

一旦全家可以探討家庭問題，請坦率直言，想想你們希望做出什麼樣的使命宣言、如何讓它成為統合與推動家人的力量。你可以提出以下問題：

我們家存在的目的是什麼？
我們希望這個家是什麼樣子？
在家時，我們想得到什麼樣的感受？
我們希望與家人建立什麼樣的關係？
我們希望家人用什麼方式相互對待？
什麼事情對這個家最重要？
我們家優先實踐的最高目標是什麼？
我們家的人有哪些獨特的才華、稟賦和能力？
家人之間有什麼責任？

我們希望全家人遵循哪些原則？

切記，每個家人的想法都很重要。你可能要面對各種積極和消極的看法，不要妄加論斷，不要試圖解決爭端，只要協助家人做好準備反躬自省，別期待立刻豐收。事先提出以下三項基本規則，討論會更順利：

- 用尊重的態度傾聽──讓每個人都有發表見解的機會。參與和成果一樣重要，只有在大家覺得能夠建言、能夠參與擬定願景和價值觀時，他們才會誠心遵循，讓這些願景與價值引導他們、評判他們。換句話說，「沒有參與，就沒有承諾。」務必讓家人了解，他們的想法會被接受、被肯定。
- 準確複述他人的意見──表示尊重的最佳方法就是「複述對方的觀點」，直到對方同意。鼓勵家人複述別人的看法──尤其在發生歧見時。這種做法會促進彼此間的了解，進而使人的想法更富彈性，帶來創造性的力量。
- 寫下想法──你可以請某人記錄家庭會議的內容。記錄時最好不要評估、論斷、比較，只需讓每個人的見解「浮上檯面」，讓大家接觸到各種看法。接著你可以琢磨修潤，讓這些想法更為精煉。你將會發現，創造使命宣言最困難的地方在於：找出最優先考量的目標和價值。

我曾參加一項亞洲國家企業領導人會議，會中發表的研究報告指出，西方國家和亞洲國家所看重的價值觀，排序很不一樣。亞洲人和西方人都表示他們重視「團隊合作」，但西方世界遠不如東方世界重視；西方國家更講究獨立、自主行動與個體獨特性。

我不是在探討誰對誰錯，我只是想說明，建立使命宣言的最大挑戰乃是「決定價值觀的優先順序」。每個人可以依據（自認的）重要性，排出前五項價值，然後逐一刪去，直到剩下最重要的一個。如此一來，大家就能徹底想清楚什麼價值對自己最重要。

使命宣言的重點在於強調種種可能性，而不是限制。它注重的不是你的弱點，而是你有什麼可能性、能揣想出什麼願景。你所注重的東西終會成為你的一部分。真正激勵人心、教化大眾的文學、電影和藝術作品等事物，基本上都把重點放在願景和可能性上，也都重視人最高貴的動機、自我和原動力。

也許討論了半天仍一無所獲，但是花時間相處、傾聽彼此的心聲、深刻的探索感情，這種努力向家人傳達的訊息是：每個人都有價值，每個人的想法都有意義。等到大家進入狀況，就會覺得振奮，之後理智和感情都會集中在使命宣言上。

第二步：寫下使命宣言

家人提出想法後，你可以找一位家人整理，統整出全家人在理智與情感兩方面的集體感受。記錄的過程將會產生思想的結晶，讓大家接觸到每一個人的感受。得到的結果可能只是草稿，甚至是許多份草稿中的初稿，你必須不斷修正，直到每個人一致同意：「這就是我們這個家的目標、我們的使命。我們相信它、參與它，也準備好實現它。」每個家庭的使命宣言都是獨一無二的，也都反映這家人的信念和價值觀。

以下跟讀者分享我們家的使命宣言：

我們家的使命是創造一個充滿信念、秩序、真理、愛和快樂的地方。我們家提供機會讓每個人變得負責而獨立、有效而互賴。我家的使命是：

抱持誠懇的態度與他人相處；

讓每個人獲得支持和鼓勵；

尊重並接納每個人獨特的性格和才華；

支持有益社會的家庭活動；
保持耐心，嘗試了解對方；
解決衝突，而不是累積憤怒；
促使家人了解生活中值得珍惜的人事物為何；
彼此相愛、互相幫忙、信任對方；
善用自己的時間、才華和資源，使家人受惠。
在我們家，家人、朋友和賓客能享受喜悅、舒適、平和的氣氛。我們要創造一個潔淨、井井有條的環境，在生活中各方面展現智慧。我們希望教導子女愛人、學習、發揮自己的天分。
我們有安全感和歸屬感；
互相扶持，讓大家發揮潛能；
互相鼓勵，付出無條件的愛；
不斷追求心智、生理、社會、情感等方面的成長；
我們希望做後代的模範，讓他們了解家庭的力量與重要性。

使命宣言可以是一個字、一個片語，或是某個影像或象徵。唯一的標準是，它必須代表每位家人，必須能鼓勵你們，使你們團結一致。只要它掌握並凝聚家人的目標，就能激勵、統整一個家，使家庭生氣蓬勃。

使命宣言不是自我檢查用的「行動守則」，它應該是家庭生活的憲法。往後的數十年甚至好幾個世代，它會統整、團結你的家庭。討論習慣三「要事第一」時，我們會說明如何把使命宣言化為家庭憲法。

第三步：留在軌道上

我想藉一位父親的經驗解說如何創造家庭使命宣言的第三個步驟，並摘要說明：

我們花了幾個禮拜創造出家庭使命宣言。第一個禮拜，我們把四個孩子聚在一起，給每個孩子五張空白卡片，請他們在每張卡片上寫一個字描述這個家，之後我們將卡片蒐集起來，整理出二十八個詞。

第二個禮拜，我們要所有家人說明這些詞的意義，好了解大家內心的想法。例如，八歲的女兒在卡片上寫下「酷」這個字，我們鼓勵她說明，她想要的很「酷」的家庭是什麼模樣。最後，每個人的定義都清楚了。

第三週，我們把這些所有的詞寫在一張圖表上，請大夥兒投票。每個人有十票，一個字最多可以投三票。投票完畢，我們找出了大約十項全家人都重視的項目。

第四週，我們再次舉行投票，把清單減為六個項目，然後將它們分成三組，分別寫下一、兩個句子做為定義。之後我們齊聚一堂，將這些句子唸出來給大家聽。

第五週，我們討論這些成形的句子並加以修潤，好讓它們更精準的表達出我們的想法，然後整理出家庭使命宣言。

這個經驗真的很美好，因為大家從頭到尾參與。使命宣言的內容就是孩子們會用的字眼、句子。我們把宣言用美麗的畫框裱起來，掛在壁爐上。現在每個禮拜會有一位家人跟大家分享使命宣言對他的意義，這些話讓使命宣言更生動有力。討論過程使我們受益匪淺。使命宣言提供了架構、共同的價值觀，讓我們知道這個家要前往何方。

「用筆記下」、「用心揣想」，這兩件事會使思考及記錄的內容，在我們腦中留下深刻印象，而使命宣言的討論過程就包含了這兩個動作，因此能將宣言內容和個人感受鐫刻在大家腦中，並讓人進一步在生活中實踐這些內容。

家庭使命宣言的力量

使命宣言對父母的影響不可小覷。由於全家人妥善參與建立宣言的過程，父母便能克服害怕教養子女、無法當機立斷的心理——不會因為過度在意子女是否接受你的做法，而把子女的反叛和拒絕視為對你本身的否定；不會因子女的缺點而懷疑自己的價值，以致必須向外尋求認同。有了清晰而共享的願景和價值觀，你將有勇氣讓孩子負起責任，體驗行為的後果。愈是尊重孩子的獨特性，讓孩子管理自己、自己做決定，你的愛心會愈大、同理心會愈強。

其次，使命宣言、共同的願景和價值觀，會帶來穩固的親子關係和夫妻關係。一位有四個孩子的單親媽媽分享了她的經驗：

二十年前，我丈夫搬出去住，留下我和四個孩子，那時他們分別是四歲、六歲、八歲和十歲。有一段時間，我不知所措，鎮日哭泣，害怕面對未來。當時讓我撐下去的力量是孩子。我心想，我若不振作，不僅會毀掉自己，也會毀掉四個心肝寶貝。

我逐漸領悟到我需要新的願景。既然這個家已不同於以往、不同於我們原以為會永遠持續下去的樣子，我就必須改變這個家的面貌。我和孩子一起討論新家庭的結構，做出一些決定：我們還是可以上教會或者參與其他活動；我們不必否認內心的缺憾；我們也還是可以擁抱原則、價值觀和眾多美好事物。

對於孩子的父親，我必須面對內心的感受，正視他的優點，接納我無法同意的部分。起先我不肯原諒他、不願意讓孩子跟他出去，但是我的良知告訴我，這種態度不能解決問題，仇恨和憤怒只會毀掉這個家。

這些年來，我逐漸化解了自己的憤怒，終於能像關心朋友一樣的關心他——我將他視為一個犯過錯的男人。

如今，孩子們不再期望有個「理想的」父親，但他們珍惜他的優點，也接受他的不完美；他們明白自己必須接納父親本來的樣子，而不是他們希望他變成的面貌。我們受益最深的是，心中擁有了新的願景。

共同願景帶來深刻的感情、同心協力的感覺，將家人凝聚在一起，為共同的目標努力克服障礙、挑戰、負面經驗以及眼前的包袱。

「愛」是一種承諾

一位混合家庭（blended family）的母親分享了她的經驗：

擁有家庭使命宣言的特點在於，你有一套規則和原則，它們要求你做承諾，不讓你輕易打退堂鼓。如果早有這種認知，或許我處理第一次婚姻的態度就會大不相同了。當時我和前夫就是沒有共同的願景和承諾讓我覺得「有理由要留下來」，所以我的反應是：「我受夠了，我要終結這個關係。」於是我的第一次婚姻就這麼結束了。

現在情況不同了。拿我和邦妮的感情來說，她不是我的繼女，而是我的女兒。我們一致同意：「我們是一體的，大家都平等、都同樣有發言權。先來後到皆無差別。」從我們的個性和行事風格來看，這個家原本很可能輕易解體，所幸共同的願景給了我們力量和承諾，讓我們團結在一起，不致崩離。

愛是個動詞，也是一種承諾。家庭使命宣言明確指出這些承諾的意義。做人最基本的承諾，就是對家人的承諾。藉著家庭使命宣言，你可以讓子女了解，從他們出生（或被收養）的那一刻起，你就對他們做出毫無保留的承諾；你們的關係永遠不會中斷。你可以告訴他們：「你的行為、態度都不會影響我對你的承諾，我對你的愛沒有條件。」

當你不斷藉言語、行為傳達這種承諾，子女會感受到你的用心，進而願意接受責任，為自己的行為負責。家庭使命宣言讓你和家人有能力評估、釐清與更新這些承諾；它促使你把承諾放在心上，影響你每天的生活。從我們分享的案例可以發現，家庭使命宣言為每一種家庭提供了力量和方向。

再來看一個多代家庭（intergenerational family）的案例。一位男士表示：

> 思考自己的使命宣言時，我想到了我對自己生活的大家庭有什麼感覺、對我的兄弟姊妹和他們的子女有什麼感覺。我記得小時候父母常激烈爭吵，父親動不動就摔東西，母親常暗自飲泣。這幅景象在我心中留下深刻的印象。
>
> 我不知道這件事對我的姊妹有什麼影響，但是，她們嫁的人要不就蠻橫跋扈，不然就是軟弱被動，沒有個性中庸的人。想到使命宣言時，我覺得自己對兄弟姊妹的孩子有責任，我決定以身作則，為他們提供正面的示範。每週我重新閱讀使命宣言時，都慎重思考自己能為某個孩子做點什麼。

他的妻子這麼說：

使命宣言使他起而行，推動改變。他不僅中止了家中酗酒和情緒虐待的文化，更設定了教育的高標準。我們會邀甥姪輩來家裡坐坐，他們注意到我家晚上不看電視，也很重視孩子的課業，還讓孩子學音樂、參加運動。這對他們造成深遠的影響。

這位男士的願景和價值觀使他能夠在大家庭中扮演主動積極的角色。當你能明確看到自己的願景、角色和機會時，就能為家人做無數善事。

我的兄弟約翰與他妻子珍發展使命宣言時，不但已為人父母，而且有了孫子。他們的已婚兒女散居各地，有些未婚的孩子則住在家裡。他們盡力跟子女及孫輩溝通，最後得出結論：「沒有一張椅子是空的。」（No empty chairs.）——每個人都不應在家庭生活中缺席，應該積極與家人互動，探索家人互相付出的承諾與無條件的愛。

並非只有父母或祖輩才能發起多代家庭的使命宣言，成年的子女也可以引導家庭改變。一位男士分享他的經驗：

我父母和兄弟姊妹散居各地。不久前，父親打電話來，建議全家一起去度假。那時，我正深入研讀七個習慣。我覺得全家人若能一塊兒寫出家庭使命宣言，一定是樁美事。所以，啟程度假前，我寫信給所有家人，說明使命宣言的意義，並附上資料解釋寫下宣言的做法。我請家人務必帶著草稿過來。

最令我興奮的是，使命宣言讓我重新界定自己與每位家人的關係。我相信以往我們在其他人身上貼的標籤如今已經不適用。相聚的那晚，我們討論這件事，並且把每個人的使命宣言影印給大家，每個人輪流讀出自己的草稿，每個人的看法都獨一無二。

我們從這些草稿中整理出一份家庭座右銘，印在T恤上。這段經驗最神奇的是過程本身的影響。討論使命宣言後，我們幾個孩子都舉家遷到爸媽住的地方附近，還決定一起做生意，藉此多認識彼此。現在我們希望子女一起長大，認識他們的祖父母。我們家展開了新的一頁。

這位男士雖然不是家長，卻扮演主動積極的領導角色。他在影響範圍內努力，創造出一種經驗，把整個家聯繫在一起。

我永遠不會忘記某回在美國東岸幫助一群父母的經驗。他們都是公司的高階主管，帶著配偶和孩子來參加探討家庭生活的活動。活動為期三天，主要目的在教導學員怎麼建立家庭使命宣言。

剛開始我們討論怎麼建立感情、怎麼傾聽對方心聲，以及如何用肯定對方的方式表達想法，第二天我才談到創造家庭使命宣言。他們行前已研讀相關資料，但是當我們用問答方式進行討論時，我發現他們的內心掙扎不已。

這些父母都很出色，在自己的專業上成就斐然，但他們的潛在問題在於許多人根本沒有「把婚姻和家庭放在第一位」。他們之所以參加這項活動，是為了學習速成的技巧重建家庭關係，好回頭專心工作。

我開門見山，試著從另一個層次與他們交談：「假設你有一項大有潛力的新產品，你希望推動一項全國性的行銷計畫，將它打入市場，這個構想會不會令你大為振奮？你會不會盡力完成任務？」這些人都知道該怎麼做；即使不知道，也會盡快找到答案。他們會採取所有想得到的措施，以獲得自己渴望的成果，他們會充分展現才華、經驗、技巧、智慧、專業能力和奉獻精神，以求計畫全面成功。

我把這種推理和質疑轉向婚姻與家庭。先前躊躇猶豫的人現在沒話說了，事情明白得近乎難堪，問題的根源在於他們從未把家庭排在第一位。

學員們開始嚴肅思考、反省自己的生活。他們逐漸明白家庭不是餘興節目。家庭生活要「成功」，不能靠技巧和速成的手法，得遵循長遠的原則，讓原則滲透到生活各個層面。除非他們釐清事情的重要性，否則，他們就不能在家庭的層次上發揮效能。

習慣二討論的重點是，成功來自於內心的改變。「建立家庭使命宣言」可能使你感到有必要發展個人的使命宣言，因為唯有如此，你才會推敲出生命的關鍵議題。明確的個人願景對你、對每個家人，甚或年幼的孩子都大有幫助。

一位父親聊到：

過去我粗魯、嚴厲、刻板、喜歡高談闊論。當我寫下自己的使命宣言時才明白，自己得在家中創造祥和的氣氛。這個領悟帶來了巨大的改變！現在我講話比較柔和，也盡量避免太過獨斷。使命宣言使我保有自覺。現在當我身處某種狀況時，我會試著停下來思考：這件事是否真的很重要？唯有會影響孩子生活的事情，我才覺得自己的堅持是合理的。

簡而言之，當你試著建立家庭使命宣言時，你會反觀內心，找出明晰的個人願景與價值觀，並反省自己與配偶的關係——而家庭的一切成長，皆是奠基在這基本關係上。

建立家庭使命宣言的過程中，要留意以下這三件事：

（一）不要輕率宣布——要讓每個家人參與使命宣言的討論。這需要時間與耐心，家人要是不覺得使命宣言代表自己的想法，就不會加以支持，所以你應該多花點時間確保每個人的參與、承諾，「沒有參與，就沒有承諾」。不過，對幼小的孩子來說，認同感比參與更重要。

（二）別操之過急——若是催促家人完成此事，他們會配合你，以便早點結束，如此一來，最後的宣言不會反映他們的感受，他們也不會忠於宣言。再次提醒，過程與成果一樣重要。家人得深入的、真正的參與，傾聽彼此的心聲，這樣家庭使命宣言才有意義。

（三）不要虎頭蛇尾——記住，「以終為始」是高效能家庭的一種習慣，而不是短暫的事件。寫下使命宣言只是開端，唯有將使命宣言的精神融入日常生活中，你才會收穫豐美的果實。你必須把它當成家庭憲法來運用。你可以把它影印幾份發給家人，或是框起來掛在牆上，它會一直提醒家人，別忘了自己所渴望建立的家庭。

堅持不懈

本章最後，我再跟各位分享一位父親的經驗。他描述了多年來使命宣言和七個習慣的架構如何使他和妻子幫助有問題的女兒。

大約在五年前，我們聰慧、有音樂天分的女兒升上國中。她開始跟吸毒的孩子廝混。當時我們試著讓她認同一份家庭使命宣言，但是成效不彰。國二的時候，我們把她從公立學校轉到天主教學校，甚至搬到另一區，但她的成績仍一蹶不振。她會打電話給老朋友，跟他們碰面。我們恩威並施都徒勞無功。最後只得將她送到當地教會贊助的訓練機構。這段時間，我和妻子寫下了婚姻使命宣言，同時開始慎重思考個人的使命宣言，決定無論女兒發生什麼事，我們都要不斷思考生活的原則和價值觀。

後來我女兒拒絕上私立學校，我們從德州搬到紐澤西州五英畝大的鄉間住宅，當地有優良的公立學校，吸毒問題也不嚴重。結果一進學校她又出問題了，先是離家出走、又是鬧自殺。學校建議她參加校內諮商團體。她立刻在那裡找到了酗酒、吸大麻、性雜交的同好；她開始具有危險性，於是我們讓她接受心理治療，但還是無濟於事。升上高一，她拒絕再做心理治療，學校的諮商團體也拒絕了她。她開始夜不歸營，待在男友那裡，我們不願她流落在外，試過各種方法挽回。

我決定把重心放在原則上，而不是別人的建議上。我們每天討論原則，把自己的問題和女兒的問題加以區隔。我相信這些努力終究會有成果。

每次與她相處，我們都努力建立信任的關係。此外我們也明確向她說明，她的哪些行為與我們的價值觀衝突，告訴她這些行為將導致什麼後果。

我們謹慎的把注意力放在「關切範圍」，表達愛和關心，聽她說話、試著了解她。我們的計畫和生活沒有因此瓦解，雖然她不參加，我們夫婦倆依舊擬定了家庭使命宣言，採納的觀念，都是我們設想她會相信的想法。隨後，在她的要求下，我們送她去參加學校的「非傳統學習中心」（Alternative Learning Center）。我們每週與她和校方人員聚會一次，聊聊那個禮拜的狀況。

高二那年，她開始尊重我們的要求，不在家裡抽菸和吸毒。第二年，我們的關係更加穩固，會一塊兒用餐。她的「朋友」開始來我們家玩。他們來時，我們總是在場，儘管我們反對（此時她仍有毒癮）。後來她懷孕了。我們讓她自己做決定，把孩子拿掉。我們無條件的付出愛，讓她知道，當她需要我們的時候，我們一定在一旁。

她剛上高三時，因吸毒導致身體不適而就醫。突然，她不再碰毒品了，也不再酗酒，成績也開始進步。之後她自願多上半年的課，完成高中學業。這時她每科都拿A，也找到了個兼職工作，支付自己的開銷。

藉著把生活和正確的原則連結在一起，我們大幅提高了幫助女兒回歸正途的機會。七個習慣提供了一個架構，讓我們尋找適合的原則，同時也給了我們信心。始料未及的是，不只我們的女兒，我們夫妻倆也大幅成長。

我們想在家庭中建立的一切美好事物都需要時間。對於所有面對抗拒的人，我要說：你最大的力量在於擁有穩固如山的個人使命宣言和婚姻使命宣言。孩子們在個人生活和家庭生活中可能都受過創傷，沒有安全感，你可以成為他們生命中穩固的力量。你若擁有明確的原則，並以它們為回應的基礎，孩子會逐漸感受到你的力量跟溫情。

你可以針對願意配合的孩子先行擬定一份聲明，反映他們的想法和感受；對於不配合的子女，要持續付出無條件的愛，他們終會軟化。我看過許多案例，只要抱持明確的願景、只要你的作為是出於原則和無條件的愛，孩子就會慢慢接受你。只要有耐心、有信念，必能走過風浪。

起步的建議——成年人、青少年篇

（一）討論本章中「一切事物的出現都有兩個層面。如果你不掌控事情發生的第一個層面（心智的創造），其他的人事物就會取而代之」的觀念。問家人：我們可以怎麼樣掌握第一個層面？

（二）討論願景和目標明確的重要性。要孩子從父母的角度討論：我們希望子女培養哪些能力以獲得成功？

（三）指出培養願景帶來的好處，例如：懷抱希望、感覺未來有種種可能性，以及關注「機會」而非「問題」。

（四）討論本章所提的創造家庭使命宣言的三個步驟，並加以運用。

（五）討論建立家庭使命宣言能怎麼樣促使全家人發揮四項稟賦。

起步的建議——兒童篇

（一）問孩子：如果我們明天要出去旅行，你會帶哪些東西？先別告訴他們目的地。

當孩子列出清單後，問他們：要是你事先知道目的地，你想帶的東西是不是就不一樣了？

（二）舉例幫助孩子明白，一個家若想成功，同樣需要規劃。

（三）要孩子想像自己希望有什麼樣的未來。幫助他們寫下或畫出願景，裱起來掛在他們的房間。

（四）安排時間，讓所有家人說出某個孩子的一項優點，並記下所有看法。討論家庭使命宣言時，輪流討論這些看法。

（五）鼓勵孩子為家庭使命宣言提供意見。讓他們寫下或畫出心目中嚮往的家庭生活；問孩子，他們認為自己能為這個世界提供什麼貢獻。

（六）做一面旗、挑一句座右銘，或是寫首歌，來代表這個家。

3

習慣三

要事第一

Put First Things First

好吧，我知道你們會聽到別人這麼說：「我們沒時間！」但是如果你沒辦法在一週當中抽出一個晚上或至少一個小時跟家人相聚，那就表示你們沒有把家庭放在第一位。

——美國知名脫口秀主持人歐普拉（Oprah Winfrey）

本章將討論兩種條理分明的架構，它們能幫助你優先考慮家庭的需要，把使命宣言化為家中的憲法。第一個架構是每週一次的「家庭時間」，第二個架構是與每個家人進行一對一的交談。這兩種架構會讓你把家庭放在第一位，養成「要事第一」的習慣。

要「把家庭放在第一位」，就得事先計劃，並且身體力行，不這麼做，你就無法建立成功的家庭。這就是習慣三的重點。習慣二「以終為始」說明「要事」的內容，習慣三「要事第一」則闡述了實踐要事所需的紀律與承諾，這個習慣考驗我們對於「要事」和正直的態度，是否抱持深刻的承諾。

家庭是最真實的「要事」

大多數人都覺得家庭是第一要務，他們願意為家庭犧牲，而且重視家庭甚於自己的生命。但是要他們認真反省生活方式、重新分配時間，家庭總是敬陪末座，不如工作、朋友和個人興趣來得重要。

我們對二十五萬人所做的調查發現，人們在「要事第一」這習慣上給自己的分數最低。大多數人覺得，真正重要的事情和實際的生活方式之間，有著巨大的落差。為什麼？

有一次我出差做簡報，會後一位男士跟我聊天，他說：「我不知道花這麼大的代價往上爬是不是值得。我已經五十好幾了，再過幾年就可以當上總裁，但是，這個職位需要我全心投入，它會耗盡我的力氣。我的孩子為此感覺悵然若失。我們家沒有你說的那種美好的文化。但是我始終覺得寶藏就在跟家人的感情裡。」

說著說著，他打開手提箱。「給你看一樣東西。」他取出一個紙卷：「這玩意兒讓我好興奮！」紙卷上是房屋的藍圖，他想要蓋一幢房子，好讓子女與孫輩能夠歡聚，「最讓我振奮的是，孩子們對這件事也很興奮。他們覺得自己沒有歡樂的童年，至今仍渴望、也需要跟家人親近的感覺。」

「這個造屋計畫讓我們有了共同的目標，得以一起努力。推動這計畫時，我們總會想到孫兒女。透過子女的孩子，我也更接近自己的孩子。我們都很開心。」他捲起藍圖：「這對我太重要了！如果這個職位讓我沒有時間跟子女、孫兒相處，我寧可不要。」

多年來，這位男士一直沒有把家庭放在第一位，使得他和家人錯失許多寶貴的相處機會。如今他明白，家庭的重要性遠遠超過大公司總裁的職位。

「把家庭放在第一位」不表示你必須放棄自己的工作。只是你得說到做到，反映家庭在你心目中的重要性，並且培育家庭的價值。面對事業等壓力時，許多人會忘卻家庭的重要性。專業角色是暫時的，你從工作崗位上退下後，自然有人取代你，公司也會繼續運作。但是，家庭中的角色卻永無結束之時，你無可取代，而且會一直影響家人，家人也永遠需要你。即使離開人世，子女、孫輩仍會把你視為家中的模範；「家庭中的角色」是生命中罕見的、甚至是唯一的永久角色。將大半時間花在扮演暫時的角色，而忽略真正重要、永恆的角色，等於是任無足輕重的事物奪去你生命中豐盈的寶藏。

對臨終的人而言，與家人間有事沒有完成，往往是心中最深的遺憾。從事臨終看護工作的人指出，許多即將死去的人常常因為心事未了——尤其是跟家人有關的事——而遲遲不肯撒手，非得撐到獲得對方的認可或原諒之後，才能如釋重負的離去。

剛結婚的時候、孩子還小的時候、無可避免的挑戰轟然襲來的時候，我們為什麼不曾想起家庭的重要性？我們忙得團團轉，趕忙採取行動，但只要沒有「要事第一」的習慣，生命就不會奏出美妙的樂章。

家庭是餘興節目？

家庭之所以不受重視，是因為我們沒有培養「以終為始」的習慣，與內心最深刻、最重要的事情失去了聯繫。直到我們真心把家庭「放在第一位」，由內而外的思考，問題才會獲得圓滿的解決。要是我們內心深處沒有認知到家庭的重要性，沒有對家庭許下承諾，生活中其他事物就會把我們拖出軌道外。

一九九七年四月，《美國新聞與世界報導》（*U.S. News & World Report*）刊登一篇文章談到〈為什麼工作時，父母們自圓其說的理由〉（Lies Parents Tell Themselves About Why They Work），作者布朗利（Shannon Brownlee）與米勒（Matthew Miller）對時下為人父母者提出質疑，認為當人們遇到如何兼顧育兒與工作這類重要議題時，態度常常不誠實。文中列出父母親經常用來為自己偏好工作的狀況「自圓其說」的五種謊言：

（一）我們得多賺點錢。（事實：研究發現，富人和窮人都自認是為了生活基本需求而工作。）

（二）反正托兒所設施完備。（事實：人數眾多的中產階級幼兒獲得的生理照顧雖然還算安全，但是幼兒缺乏情緒支持，智力刺激亦嫌不足。）

（三）主要是因為公司缺乏彈性。（事實：就算公司採行有利於家庭的政策，但不少父母忽略這些政策；許多人希望留在工作崗位上。）

（四）要是妻子賺的錢比較多，丈夫也很樂意待在家裡啊。（事實：認真想過「待在家裡」的男人少之又少，兩性對「男子漢」的定義是根據「供養家庭」的本領。）

（五）稅太重了，不兩個人都出去工作不行。（事實：近年來雖然稅率降低，但已婚婦女仍湧入就業市場。）

我們很容易依據某種假設（譬如父母都得擔任全職工作）訂出生活方式，但父母不應該假設工作沒有協商餘地，而應該主張「家庭」才沒有協商餘地。你的心態改變，創造力與可能性的大門才會隨之開啟。家庭必須做出艱困的抉擇，看是要擁有時間、還是擁有金錢。無論是對個人或家庭生活的品質，這個選擇都會產生深遠的影響。

當然，這麼做還不足以解決家庭所面臨的問題，重點在於我們能取捨、做抉擇，比如修正做法、簡化生活、換工作、轉為兼職、改成在家工作等。一旦真心把家庭放在第一位，你就會督促自己探索、創新，找出其他可能性，也就不會被上述謊言所俘虜。

為人父母——獨一無二的角色

誠然，有了金錢，孩子可以上好學校、學些才藝、物質生活會比較好，但是親職是獨一無二的角色；父母是神聖的管家，他們能夠激發一個獨特生命的潛能，有什麼事情比履行這項職務更為重要？

沒有任何事物可以取代親情，不過有時我們卻不這麼想。把孩子交給托兒所時，我們會相信托兒所服務周到、設備優良，要是老師看來積極、有愛心，我們就更相信他（她）能夠擔當養育我們子女的責任——這就是「合理化」的過程。事實上大多數的托兒所問題叢生，而且托兒機構再了不起，也無法取代盡責的父母。所以，追求事業成就前，父母必須先對孩子及所有家人做出承諾。若實在需要托兒機構的協助，就得審慎的多方比較，並和老師密切聯繫，才能建立合理的期望，對老師提出合理的要求。

有些人在孩子還小的時候，覺得自己有許多選擇和自由，於是將孩子送進托兒所，或是請保母代為照顧。待孩子長大成人，他們就嚐到苦果了。他們跟孩子沒有感情，常常要等到孩子行為出了問題，才警覺事態嚴重。一位朋友在孩子還小時，把事業、社交和發展自我統統放到第二位，在這個關鍵階段為孩子付出，因為她知道這件事的重要性無與倫比。這兩種做法有何不同？

它們的差別就在於是否擁有明確的願景，好誠實正直的做出承諾，擬訂優先順序。要是我們尚未把家庭放在第一位，就應該回到習慣二「以終為始」去尋找解答，反省自己是否建立深刻的使命宣言。

社會趨勢與家庭新課題

現在讓我們仔細審視自己居住的社會，看看過去四、五十年中，文化、法律、經濟與科技等方面發生什麼變遷，反省它們如何影響你和你的家庭。以下我要分享的事實取材自美國的研究，不過它們也反映了全球趨勢：

（一）大眾文化——

一九五〇年代，美國兒童很少看電視。今日兒童每天看電視的時間則長達七小時；到小學畢業時，一個孩童已經看過八千多個小時的電視。同樣在這段時間裡，兒童平均每日與父親相處的時間卻只有五分鐘、與母親相處的時間只有二十分鐘；就算父母陪在身邊，這時全家人不是正在吃飯、就是在看電視！

此外，許多家庭與商界愈來愈相似。社會學家霍克希爾德（Arlie Hochschild）在其著作《時間的連結》（*The Time Bind*）中指出，對許多人來說，家庭變成「跟時間賽跑」的瘋狂場域。你在一刻鐘內扒完飯，然後急急忙忙趕去看球賽，只在孩子睡覺前花半小時跟他們聯絡感情。相較之下，辦公室像避難所，上班時你還能抽空跟同事聊聊、放鬆一下。

辦公室成為成年人進行社交、表現能力、享受自由的天堂，有些人因而主動延長工作時間，因為他們對工作的喜愛遠勝於家庭。工作提供的許多報償（如；升遷、紅利、獎項）使我們覺得自己很有價值。它創造出吸引人的願景，創造出溫馨、詩意的烏托邦——這個烏托邦使工作的成就感與合理化的藉口相結合，令人忽略真正重要的事情。

家庭的回報來自你內心的感受。如今社會不再讚揚、肯定雙親的角色。親職工作沒有薪水與聲望，更沒有人為你喝采。身為父母，你所獲得的報償就是深遠影響另一個生命、在對方生命中扮演無可替代的角色的滿足感。這是主動積極、發自內心的選擇。

（二）法律——

大眾文化的變遷對政治與法律影響甚大。過去，「婚姻」是社會安定的基礎；許多年前，美國最高法庭裁定，家庭是「社會的基石；沒有家庭，就沒有文明和進步」。婚姻是三方同意的承諾盟約，這三方包括：男方、女方與社會。對許多人來說，婚姻得以形成還包括第四方的允准——上帝的認可。

但在今日，婚姻不再是盟約和承諾，而是兩個成年人基於意見一致而簽下的一紙合約。當兩造認為它沒必要存在或失去用處時，很容易解約。有時雙方甚至事先設想婚姻失敗，在婚前做好協定，並訂出種種措施。現在，社會與上帝不再是婚姻盟約的見證者，法律也不再是婚姻的支柱。

（三）經濟——

一九五〇年以來，美國中等收入者的薪資增加了十倍，房屋的平均售價卻增加了十五倍，通貨膨脹率則上漲了六〇〇％，這些變化迫使夫妻紛紛外出工作，以維持家計。

除了生計，其他原因比如「想維持較高的生活水準」。夫妻一人工作、一人照顧小孩的比例，在一九四〇年時高達六六．七％，到了一九九四年卻降為一六．九％。今日生活在貧窮中的兒童有一千四百六十萬人之多，其中九〇％的兒童來自單親家庭。父母與孩子的相處時間比過去來得少；許多人已把家庭排在第二位。

經濟結構的定義已經改變。經濟大蕭條時期，政府開始接手照顧老人與貧民，家庭中兩代之間的經濟環節隨之斷裂，這個現象連帶影響家庭的其他環節。當下一代對上一代的經濟責任感消失，維繫家庭的社會力量和心靈力量遂轉往其他管道發展。結果，短期的解決方案導致了長期的問題，「家庭」不再被視為兩代或多代互相扶持的大家庭，它的定義窄化為「核心家庭」，只有父母和家中的未成年兒女。即使如此，小家庭仍然飽受威脅。如今，人們重視個人的自由與獨立勝過責任與互賴。科技高度發展，物質給人們帶來了安慰與娛樂，卻也使得人與人之間更疏離，家庭與個人日形孤立。

（四）科技——

科技進展雖然讓人得以迅速接觸到大量有用的訊息，卻也讓人輕易取得即時、圖像化、未經過濾的訊息。在這些訊息的滲透下，我們變得愈來愈物質主義。誠然，科技讓我們有能力與全球各地的人建立關係，但同時也分隔我們，讓我們跟家人互動、相處的時間愈來愈少。

想一想：看電視是幫助你建立了穩固的親情？還是讓你變得遲鈍、疲倦、寂寞？媒體能改變家庭文化。但是，如果我們以孩子的角度花三十分鐘乃至於一個小時觀賞節目，結果如何？我們是不是開始相信電視新聞就代表真實生活的全貌？

注意，孩子比大人更相信電視。電視的確播出不少好節目，但對大多數的個人與家庭而言，那好比在垃圾堆裡尋找清爽可口的沙拉般困難。日漸形成的惡質汙染讓我們日益遲鈍，看不清自己付出的代價。若能把看電視的大量時間用來與家人相處，我相信你們全家會受益良多。

《美國新聞與世界報導》近期所做的一項民意調查發現，九〇%的受訪者認為美國道德淪喪的問題日益嚴重，六二%的受訪者指出，電視節目的內容與他們的道德及宗教信念衝突。我們應該記住，社會最重要的指標就是愛、養育和引導的承諾。我們要引導生命中最重要的人——也就是我們的子女，陪他們活動、聽他們傾訴。當孩子真切感到被愛，必會奮發上進！

作家弗格森（Marilyn Ferguson）在《寶瓶同謀》（*The Aquarian Conspiracy*）中寫道，「選擇工具和科技之前，必須先選擇夢想和價值觀。因為有些科技為後者服務，有些卻使它們難以實現。」

過去，法律支持家庭，媒體提倡擁護家庭，社會尊敬家庭之餘也提供支持，家庭同時也是社會的支柱。然而，現今的文化、經濟和法律不再提供家庭支撐，科技更促使家庭進一步解體。一九九二年美國少年司法暨偏差行為防治局（The U.S. Juvenile Justice and Delinquency Prevention Department）發表一篇聲明，文中指出，根據研究，過去二十年來，經濟環境、文化規範和聯邦政府的法律，都使大環境更不支持穩固的家庭，在這些經濟變遷發生的同時，大家庭的支援系統飽受侵蝕，搖搖欲墜。

這些變遷進行緩慢，許多人渾然不覺，然而這些變遷使我們愈來愈遲鈍，正逐步毀掉我們和我們的家，使我們逐漸放棄原則，要是你臣服於社會價值，就會導致這種結果。事實上，強而有力的文化因素改變了我們的道德觀和倫理觀，使我們轉而認同其他價值，是非不分，於是在我們碰到強勁的影響（如：強勢的社會文化、具有魅力的人或集體運動）時，我們會迷失，丟棄心中的道德羅盤而毫無知覺。

穩固內心羅盤的五大要點

第一個要點是：世上有一種永續存在、恆常不變的事實，所以必定有永恆的原則和自然法則，這些原則終將掌管一切行為與結果。人們可以依據自己的渴望和意願採取行動，但是永恆的法則完全不受影響。

第二個要點是：原則和行為確實不同。

第三點：自然體系（以原則為基礎）和社會體系（以行為和價值觀為基礎）亦有差別。「值得信任」與「誠實正直」乃是一切持久感情的基礎。有些人或許能暫時瞞天過海，但是終究會自食惡果。一旦你違反原則，你跟別人之間的信任感便會逐漸破滅，無論是人與人的關係、組織與組織的關係、社會與政府的關係，或國家與國家的關係，都是同樣的道理。推到極致，一種道德法則與道德感，一套普遍、永恆與不證自明的原則，終將掌控一切。

第四點：真正的快樂與成功，有賴於將「前進方向」與原則或自然法則相結合。傳統、潮流和文化價值對人們內心的「永恆法則」具有強大的影響力。走進「永恆法則」發揮效用的地方，我們才能夠放慢腳步，反躬自省，傾聽良知的聲音。為了讓別人接受自己，為了獲得歸屬感，人們很容易放棄道德原則，甚至顛倒是非，這些做法會逐漸毀滅你整個信念體系。

第五點：如果我們違背良知，影響所及，我們內心深處的反省能力和領悟力（也就是源於原則或自然法則的道德感與倫理觀）會逐漸衰敗消逝。我們若努力實現使命宣言，卻沒有把它內化到理智與情感中，讓它融入家庭，外在文化因素就會迷惑我們、動搖我們。父母應該幫助孩子發揮稟賦——尤其是「善用良知」這一項，這樣孩子才不會偏離正軌。

正如我在前一章所言，不掌控第一個層面，強大、動亂、不利於家庭的其他力量就會取而代之；你若不努力塑造自己的家庭，這些力量便會越俎代庖。

四十年前你可以用「由外而內」的方式成功建立家庭，但是，這種做法不再適用。我們無法像過去一樣，仰賴社會支持家庭。在今天，想建立美滿的家庭，你得從自己做起。為了創造支撐家庭的結構，我們必須變成變遷的舵手、穩定的源頭。

想一想，之前所提到的社會變遷，對家庭與環境的文化產生了多大的影響？試想：這些變遷對你的家庭有何作用？由於社會環境不變，對家庭產生驚人的衝擊，我們必須因應挑戰、做出回應。

傳統家庭的環境已經成為過去式，家庭所面對的挑戰也不一樣了。我們必須認知到，今日為人父母的角色更加重要。我們再也不能仰賴社會提供角色楷模，而必須自己做家庭的領袖。孩子迫切需要我們提供支持和建議，他們仰賴我們的判斷、經驗與堅定的態度。我們應該怎麼用有意義、有成效的方式引導自己的家庭呢？

在家中建立架構

大多數的機構與公司會因應社會環境進行改組，但是家庭並沒有「改組」的趨勢。研究報告指出，在美國，儘管現在丈夫上班、妻子不工作、雙方皆無離婚經驗的「傳統」家庭僅占四%到六%，大多數家庭仍尚未開始進行調整。人們不是沿用過去的做法，就是採用背離原則的新方法。然而，唯有原則，才能幫助你建立持久的親情。整體而言，家庭並未因應挑戰做出適當的回應。而面對結構性的挑戰，唯一能成功的做法，就是「建立新架構」。

試想：當你的生活在各方面都一團糟時，你會怎麼做？

理出頭緒，讓事情井井有條！

你要改善結構，調整事情的優先順序。在家庭中，「秩序」代表這個家有優先順序，家中有某種架構讓事情得以先後進行，廣義而言，「創造家庭使命宣言」為家庭生活提供了基本架構。此外，還有兩種重要的架構能幫助你把家庭放在第一位，就是每週一次的「家庭時間」和「一對一的談心時間」。

每週的家庭時間

沒有其他事比每週安排一段家庭時間，更能幫助你把家庭放在第一位。這麼做的主要目的，是要讓全家人專注的團聚。

打從一結婚，我跟珊德拉就採行這個做法。孩子年幼時，我們利用這段時間深入溝通，規劃未來。孩子大一點之後，我們拿這段時間教導子女、跟他們玩耍、讓他們參與有意義的活動，而且全家一起做決定。我們總是盡力排除外務，每週至少花一個晚上相聚。我們會確認每個家人知道即將進行什麼活動，會議中，每個人都可以提供建議，再由全家人一起做出決議。

我們實踐了成功家庭時間的四大要素：「規劃」、「教導」、「解決問題」和「享受歡樂」。請注意這個架構如何滿足生理、社會、心智和心靈等四種需求，及如何帶動家庭的正面運作。

剛開始推動家庭時間時，別忘了發揮想像力，讓聚會歡愉有趣。人們（尤其是年幼的孩子）渴望獲得家庭經驗，感覺與家人緊緊相依。你在家中愈常表現這種行為，就愈容易推動家庭時間。

研究發現，家庭會議對兒童的自我形象會產生正面的影響，也能讓父母親對自己的認知、評價有所提升。個案研究裡一位受訪的父親原本覺得自己能力不足，對於推動家庭會議懷有抗拒，但在家庭會議進行了三個月後，他表示：

記憶中，我父親話很少，他一開口要不是貶損我們，就是爭論不休。我排行老么，家裡每個人都說我做的事情沒一件對的。我把他們的話當真，所以在學校我表現平平，任何花腦筋的事我都不敢嘗試。

我不想參加家庭之夜，因為我覺得力有未逮。但是我太太帶了一次討論，隔週女兒又帶了一次，讓我決定鼓起勇氣也來帶動一次討論。

會議開始後，我的心結彷彿開始鬆脫，我侃侃而談，告訴孩子為什麼我慶幸自己是他們的爸爸，以及為何我相信他們能建立美好的生活。然後，我一個一個告訴孩子，我有多麼愛他們。

這是我有生以來第一次覺得自己真的是個父親、是我心中渴望的理想父親。經過那一晚，我覺得自己和妻兒更加親近。這種感覺很難描述，就好像眼前好多扇門就此開啟，家裡的一切都為之改觀。

家庭時間提供了強而有力、主動積極的回應，讓家人能夠面對今日家庭遭逢的挑戰，滿足家庭在生理、經濟、社會、心智、美學、文化和心靈等方面的種種需求。它也提供了良機，讓家人討論與創造家庭使命宣言。

家庭時間也是規劃的最佳時機。這時刻家人都在場，可以參與討論，你們可以一起決定如何安排家庭活動。一位母親說到：

我們把規劃未來一週的活動當作家庭時間的重點。我們討論每個成員想做的事，然後記下來，並據此規劃家庭活動。這使得我們能事先安排一些細節，避免撞期這類問題。我們很高興能知道家人的行蹤，孩子也很願意跟家裡保持聯繫。

家庭行程表讓家人覺得自己在對這個家做投資。每週為全家安排一段時間，你會感到心情更平和，明白自己善盡持家之責，你可以更全心投入工作或其他活動，因為你已經為最重要的事情預留時間。

家庭時間是教導生活原則的最佳時機，也是教導孩子的神聖時刻。劇烈的社會變遷使家庭教育成為責無旁貸的要務，要是我們不教導孩子，最後，我們和社會將共同承受慘痛的後果。

你也可以善用家庭時間解決問題。一位婦女分享了她的經驗：

> 從孩子年幼的時候開始，我們家每週幾乎都會齊聚討論各種事情。有一段時間丈夫失業，我們便利用家庭時間向孩子解釋這件事，說明之後將如何分配、運用金錢，然後根據每個月的預算，規劃食物、居住、水電、瓦斯等支出。我們不希望孩子感到驚慌，所以讓他們知道我們把錢用在哪些地方。
>
> 往後六個月，孩子也盡力表現對父親的信心，以減輕他的壓力。在丈夫終於找到工作時，孩子比我還高興。我永遠忘不了全家人為此熱烈慶祝的景象。由於我們向孩子說明問題和因應措施，避免了日後許多可能的困擾。

你可以利用家庭時間釐清家裡的問題，與家人一起努力找出解決的辦法。一旦全家都覺得解決方案代表大家的意見，大夥兒便都會為它奉獻，盡力實踐。這個方法讓孩子重視他們的責任，也讓所有家人明白每個人都須分擔家務。

一位女士收養許多州政府認為無藥可救的問題兒童。這些孩子各有不同的問題，幾乎都進過牢房。她後來發現，家庭時間非常適合讓孩子傾吐心聲：

這些年來，我們照顧自己的孩子與寄養的孩子。我們覺得，孩子需要親近的關係，而家庭時間可以促使這種關係滋長。孩子喜歡參與各種活動，喜歡「安全」的環境。在這種環境裡，他們能夠暢所欲言表達自己在意的事。我們會讓孩子表達心中的憂慮，讓他們坦白的傾吐。這種做法使孩子感到自在，不致太過掛慮。

家人公開討論問題有助於信任感的滋生，也使家庭更有能力解決問題。家庭時間的重點就是要有樂趣。有了樂趣，家人才能團結，大家才會感受到相聚帶來的喜悅和歡愉。即使家庭時間裡沒有發生什麼特別的事，僅僅是家人團聚的喜悅和一起從事活動的快樂，也會產生正面的影響。

要推動家庭時間，你得先下定決心，並對決定許下承諾。家庭時間最好固定下來，而且盡早在孩子年幼時就告訴他們家庭時間的重要性，以免孩子到了青春期對這個構想產生抗拒。無論家庭會議中發生什麼爭執，都不要灰心喪志。有時候孩子吵吵鬧鬧，完全不理會父母，你可能常常會懷疑孩子是否真的獲益。事實上，可能要等上好幾年，你才會看到成果，重點是：任何的改變──即使是些微的變動──都能更動整個方向，引你走上另一條截然不同的路。

瑪莉亞（女兒）：

我記得有時在家庭之夜，西恩和大衛總是躺在沙發上睡大頭覺。我相信這時候爸媽一定很懷疑，不確定孩子是否在家庭時間中得到收穫。

凱瑟琳（女兒）：

我記得有時我在家庭會議中態度惡劣。可是，長大離家後，我經常想到在家庭之夜學到的東西，它對我的生命產生真實的影響。現在，當我凝視自己的孩子，自問：「他們真能從家庭之夜學到任何東西嗎？」我明白，儘管孩子看似毫無收穫，其實仍有所得。他們學到的東西會為自己的未來打下基礎，大大影響他們的生命。

我們舉行每週一次的家庭時間已經超過三十年。我深信，我們家之所以一直留在軌道上，「家庭時間」是最強大、最重要的一股力量。

一對一的談心時間

在放鬆的心情下，不妨「讓配偶擁有你一天」，或是「讓子女擁有你一個下午」，讓自己在對方面前「完整呈現」。超越自己的興趣、恐懼和需求，放下自我，與配偶和子女用心相處，允許對方表達或追求自己的興趣與目標。你必須把自己的看法放在一邊。

家庭結構最基本的第二項要素，就是「一對一的談心時間」。在這些時候，家人能進行最有意義的分享、最深入的教導與最深刻的連結。

婚姻中的一對一時間

多年來，我和珊德拉每天都花時間相處。我們會找時間離開孩子，找地方聊聊天、分享生活中發生的事情、探討問題，也試著交換角色。密切的溝通與感情的連結使我們的婚姻屹立不搖。它讓我們回到家後，對彼此懷有深刻的愛意與敬重。

這種「隱修」（retreat）時間對婚姻和家庭十分重要，丈夫和妻子需要坐下來仔細規劃家庭的未來。當他們一起努力實踐持家之責，規劃讓他們能夠集思廣益，培養出洞察力與堅強的決心，想出更務實可行的解決辦法；它使夫妻感情更深厚、關係更穩固。

一位孩子已經長大成人的母親分享了她的經驗：

每週有三、四個晚上，我們會在孩子上床前一小時進房，放鬆心情聊聊天、聽聽音樂，或是看電視、分享工作經驗、討論家中發生的事。這段相聚的時間對我們的家居生活造成深遠的影響。

下班後，我們不會再讓自己的需要凌駕孩子的需求，而會暫時拋開自我，專心面對家庭與孩子，讓家裡井井有條。因為，稍晚我們就會擁有自己的時間。在這段時間，除非發生要緊的事，否則孩子不會干擾我們。他們明白，只要父母感情穩固，就能建立穩固的家。對我們來說，這段時間勝過兩個人外出約會。外界總有些事會干擾你，例如碰見熟人什麼的。但是這段時間不只是約會，也讓我們再次肯定彼此為何結合、為何相愛、為何選擇對方。有些人汲汲營營，把注意力放在其他事情上，到頭來卻不明白自己失去了什麼。

穩定的婚姻關係為全家人帶來安全感，夫妻關係的品質決定了家庭生活的品質。儘管有時夫妻關係出狀況，仍要注意保持風度，絕不可在孩子面前攻擊對方。孩子的安全感多半來自父母對彼此的態度，建立穩固的婚姻將對家庭文化產生強烈的影響。

與孩子一對一交談

與每個孩子一對一的談心也十分重要，比如私下邀約或教導，你應該讓孩子寫下他想談的事情。父母可以同時與一個孩子談心，也可以由父親或母親單獨面對兩個孩子，不過一般以一對一的談話為宜。你若能妥善利用這段時間，持之以恆，將可大幅改善跟子女的關係。藉著這樣的相處，雙方會發展出無條件的愛以及積極態度，也會對對方抱持敬意。它也能幫助你創造不變的原則，使人安然度過外在的變局。

想讓孩子知道你多麼重視你跟他的感情，最好的方法就是付出時間陪伴他。一位有五個兒子的母親分享了她的經驗，她和一個兒子持續進行一對一交談，雙方情感深刻：

多年前，我寫下個人的使命宣言，決定每個月找段時間與每個孩子進行一對一談心。孩子念小學時，我開始推展這項家庭傳統。

談心時間對我們的關係產生強烈的影響。我逐漸明白，隨著孩子長大，父母得從孩子的「家長」轉變為孩子的「知己」。由於這些年來我和孩子們經常一對一的談心，使得這項轉變十分順利，因為我們早已建立深厚的友誼。

通常我們能預做規劃，在家庭行程表上安排家庭時間。但是一位女士發現，高品質的一對一談心時間並非總是可以事先規劃，有時你得隨機應變。我們看看她怎麼說：

有時我和我先生會察覺兒子看起來坐立不安，這時我們會試著安排時間和孩子聊聊。孩子覺得自在時，便會說出心裡的話。這時我們會問他：「願不願意讓我們幫你解決這個問題？」我們會尊重孩子的決定。這種談心時間不一定都是經過規劃的，時機由你決定。最重要的是，把家庭放在第一位，家中就不會發生需要幾個月、甚至幾年才能解決的嚴重危機。在問題初露端倪之際，就要防微杜漸、加以剷除。

請注意：把家庭放在第一位不僅是一種規劃與安排，更是一種思考方式。它不斷提醒我們家庭有多重要，使我們主動的有所作為，而非被動做出回應。

知道你關心我，我才會在乎你了解我多少

我永遠不會忘記某次跟女兒辛希雅進行一對一談心時發生的事。那時她非常暴躁易

怒，對家中所有人發脾氣。我問她發生了什麼事，她都說：「沒事。」

對於跟孩子的一對一談心，我和珊德拉有一條規則——讓孩子談他們想談的話題，談多久都成。他們可以發牢騷、傾訴。除非孩子要求我們提供建議，否則不做任何評論。那一次我所做的就只是「傾聽」。女兒長大後回顧那段經驗，寫下了這段話：

> 我五歲時，跟父母搬到愛爾蘭的伯爾發斯特市（Belfast, Ireland）住了三年，我從玩伴那裡學會了愛爾蘭口音。返回美國讀三年級時，我總覺得自己格格不入，我覺得班上同學認為我和他們不一樣；他們聽不懂我的腔調，我對他們的遊戲也一竅不通。老師要求我接受語言矯治，消除愛爾蘭口音，幫助我盡量趕上進度。我的成績遠遠落後，尤其是數學這科。但是我害怕承認，也不願意站到台上；我渴望被同學接受、渴望交到朋友。
>
> 後來我在教室後面的卡片上找到了所有考試與功課的答案。我開始偷這些卡片，把答案抄下來，從未失手。有一段時間，我的問題看似都解決了。由於表現優異，我開始受到老師和同學的注意，甚至當選模範生。但是良知不斷折磨我，因為我違背了父母一向教導我們的誠信原則。我想洗手不幹，卻不知道如何全身而退，只好繼續欺瞞大家。
>
> 我知道該告訴父母實情，但身為老大的我羞於啟齒。由於承受獨自面對問題的壓力，

我在家愈來愈容易發脾氣，父母後來告訴我他們感覺我出了問題，卻不知問題在哪。

每週我們會跟父母進行「私人談話」——在這段時間裡，小孩想談什麼都可以，父親或母親只能傾聽，不能批評，或是在我們沒有要求的情況下逕自提出建議。有一次在談話時間，爸爸讓我說出我覺得父母哪裡不公平。之後爸爸沒有為自己辯護，也沒有生氣，繼續讓我說下去。

最後，我覺得自己被父親接納，於是小心的開了個頭，探探他的反應。他問我學校生活怎麼樣，我吼著回答他：「如果你知道真相，你會覺得我壞透了。」但爸爸向我保證他對我的愛是無條件的、他會接納我。我覺得他是真誠的；根據過往的經驗，我認為可以信任他。

我脫口而出：「我數學這科作弊。」我投進他的懷裡——說出真相讓我如釋重負。他說：「要是你早點告訴我就好了，這樣我就能早點幫你啊。」之後，我告訴父母整個經過還有我的感覺，他們幫我想到解決辦法。我們決定一起去見老師，並請一位六年級的同學幫我補習數學。

直到今天，我仍感覺得到那一刻放下重擔的心情。當初我要是繼續欺瞞下去，誰知道會發展出什麼行為模式。我與父母分享問題，因為他們在過去一直愛我、鼓勵我，跟我建立信任的關係。

假如當初我一直忙碌、著急、焦慮的趕赴許多約會，急著做完許多我以為「更重要的事」，以致於沒有時間傾聽孩子的話，我不曉得女兒會發生什麼事。我感激我們安排談心時間，專心建立彼此的關係。對親子雙方而言，一個小時的談心時間影響深遠。

為人父母最重要的就是：教子女學會堅持原則。但是，你無法在沒有感情的情況下教導子女，唯有「知道你關心我，我才會在乎你了解我多少」。

一對一的談心時間提供親子建立感情的機會，讓你教導子女。珊德拉和我發現，當我們把孩子帶到旁邊，私下與對方相處，把注意力完全灌注在對方身上時，我們的教導、我們訂的紀律或溝通，效能會相當好。然而，若有旁人在場，教導的效能極差。

人們並非全然根據理性的認知而行動，而是基於自己的感受與對自我的看法來採取行動。要是孩子肯定自己，也肯定親子關係，他們就會受到鼓勵，依據理性判斷採取行動。

辛希雅（女兒）：

在我成長的過程中，爸爸經常出差，但是我們團聚的時間比一般家庭還要多。理由有兩個：第一是爸爸總是預先規劃，他相信主動積極的態度、相信我們可以有所改變。學期一開始，爸爸總會問：「這學期你們有什麼活動？預定在什麼時候？」他很少錯過孩子的重要事情。碰到家庭之夜，他也很少出城，週末總是在家，好跟家人共處。

我有很多朋友的爸爸雖然是做朝九晚五的工作，但他們回家後往往只是整晚盯著電視機，不跟孩子談話，如今我明白，舉行家庭時間就像建立全家的信仰，是相當費力的事。但是我父母做到了。關鍵在於，這件事對他們非常重要，所以他們奮力不懈，不斷設法執行。

第二個理由是我們將家人相聚這件事情當成一個常態（規律）。儘管進入青少年階段後，我們有點討厭家庭時間，但是，全家大抵都接受它，認定它是家庭文化的一部分，所以過了一段時間，我們就不再抗拒了。

早年我沒有把孩子參加的戲劇和球賽放在第一位，使我覺得相當痛苦、挫折。因此，我學會「要事優先」。學期一開始，我和珊德拉就向學校要活動表，之後盡量參加孩子的活動。同時，早在二到四年前，我們就開始計劃重要的家庭假期。在我們家，家庭時間與一對一的談心時間，至今依然是十分神聖的活動。

沒有什麼能與把家庭放在第一位的快樂相比。生活裡有許多壓力要求我們去做其他事情。你若不事先花點時間做防範、建立感情，為凝聚家人、組織家人做投資，往後就要花更多時間彌補破裂的關係、拯救婚姻、挽回步入歧途的孩子。

有些人會說：「我們沒時間！」我的回答是：「你們非做這些事不可。」做不做得成，關鍵在於你有沒有事先規劃、有沒有堅持不懈。優先考慮家庭，會令你內心深處感到平和，家庭與工作不再撕扯你。你會發現，自己能為別人付出更多。對這些家庭架構許下承諾，會使生活更有效能。創造美好的家庭文化，能使你們免於大眾文化的引誘。

調整角色，設定目標

除了選擇家庭活動，還要善加規劃我們自己的角色（包括家庭角色），並在每週針對各個角色設定目標。有時某一個或某兩個目標就要耗費許多時間跟精力，使我們決定暫緩其他角色的目標。例如有一回，珊德拉花了一個禮拜的時間協助女兒照顧新生兒，這表示那一週她選擇不公開演講、不參與社區服務或家中其他計畫。這是一個不斷進行抉擇的過程，她覺得心安，因為她知道自己下週就會重新反省每個角色，再次設定目標。藉著「調整角色與目標」，我們的生活變得更加均衡，也更能兼顧多重的角色，不至於被日常生活的沉重壓力和緊急事故所淹沒，迷失方向。

探討習慣四之前，讓我們花一點時間回顧前述內容，思考習慣一到習慣三：

習慣一「主動積極」。這是最根本的決定。這個選擇決定了你要為自己負責，還是要當個受害者。

決定為自己負責，採取主動，你所面對的最重要問題就是：你究竟希望生活是什麼樣子？這就是習慣二「以終為始」，這個習慣讓你創造你的家庭使命宣言。

習慣三「要事第一」，這屬於第二個層次，它是一種策略性的決定，幫助你實現要緊的事，把家庭放在第一位。不過別因為你尚未做好前進的準備就產生罪惡感。重點在於你要承認現狀，從立足點開始努力；對自己要有耐心，對於自己的缺乏耐心更要保持耐性。因為「有志者，事竟成」。

接下來探討習慣四、習慣五和習慣六時，我們將會說明如何在家中培養「我們」的精神。

起步的建議——成年人、青少年篇

（一）詢問家人：家庭對我們有多麼重要？上週我們花了多少時間從事家庭活動？是否把家庭放在生活的第一位？

（二）討論社會上有哪些因素會動搖家庭的根本？我們應該如何克服這些影響？

（三）詢問家人：每週一次的家庭時間對我們的家庭產生了哪些幫助？它如何促進規劃、教導、歡樂、問題的解決？全家一起討論家庭時間要進行什麼活動。

（四）鼓勵每個人分享與某位家人進行一對一談心的經驗與感受。

起步的建議——兒童篇

（一）討論以下觀念：「為人父母最重要的角色就是：幫助孩子發揮自己的稟賦，尤其是良知。」而你將如何幫助孩子發揮四項獨特的稟賦？

（二）全家人聚在一塊，計劃未來一、兩個月內想要進行的家庭活動，比如拜訪親人、一對一談心、一塊欣賞表演等等。務必讓孩子貢獻想法。

（三）請孩子協助規劃每週家事行程表。提醒孩子分內的家事以及大夥兒的活動。

（四）要每個孩子指出自己本週最想完成的事（如打球、參加朋友的生日派對、做功課）。教導已經會寫字的孩子利用手冊做規畫，進行各種活動與服務，提醒自己家庭活動的時間。

（五）許下承諾，要求自己舉行家庭時間、規劃家庭會議，明確訂出活動日期。每週審視進行的活動，對下一週進行規劃；孩子會因為參與而感到喜悅。

（六）找出家人喜歡的一對一談心的活動類型。每週規劃一段時間與一個孩子進行一對一的交談。你可以把這段時間稱為「某人特別的一天」，或是取個特別的名字。

4

習慣四

雙贏思維

Think "Win-Win"

在本章的開始，我們要先概述習慣四到習慣六。因為這三個習慣密切相關，它們共同創造出一種過程，幫助你完成前述各習慣。一旦掌握這個過程的本質，你就能夠帶動全家一起進行高效能的努力。

如果親子、夫妻或家庭成員之間的立場對立，就不會花力氣了解對方、與對方合作，也不會尋求對彼此有利的解決辦法。藉著互相了解與創造性合作，我們能一塊兒努力，獲得的成果將遠超出單方面獲勝時所得到的報償。當雙贏思維成為解決家庭問題的典型做法，將為家人帶來深刻的自由、創造力和團結感。

若能採取雙贏思維，進行創造性、集思廣益的互動，家庭文化就會日趨美好。我喜歡把習慣四到習慣六看成「根源」、「道路」與「最後的果實」：

習慣四「雙贏思維」——它是「根源」；是尋求彼此利益以及「黃金定律」（golden rule）的基本思維；是一種潛在的動機、一種培養出來的態度，使我們彼此了解，獲得統合綜效。

習慣五「知彼解己」——它是「道路」；引領我們邁向互賴與互動的豐富境界；它也是一種能力，讓你跳脫自己的範疇，真正進入對方的思維與心靈。

習慣六「統合綜效」——它是「最後的果實」；是成果、最終的產物、努力的豐盛報償；它是超越人我、創造出第三種選擇的解決辦法；它不是「照你的辦法做」或「照我的意思做」，而是提供一種更好、層次更高的方法。

這三個習慣互相影響，使家人能夠一起努力，能創造遠超過任何一位成員獨自絞盡腦汁所想出的新觀念和新方法。其次，藉著把互相敬重、互相了解與創造性原則融入家庭，這三個習慣使家庭文化得以增強家人原有的優點與親情的品質，使原則趨於內化。

習慣三「以終為始」的目的，就是在家庭內建立良好的社會環境，幫助家人學會詢問問題：「你是否願意尋求比任何人獨力提出的方法都要好的解決之道？」做出承諾：「讓我先聽聽你想說什麼」、「幫助我了解你的想法」。

你若擁有足夠的技能和安全感，願意誠摯堅定的找出辦法、做出承諾，就能實踐習慣四、習慣五和習慣六。只要任何一方採取雙贏思維，以主動積極的態度深入思考，真心渴望找出解決辦法，便能達成雙贏，改變彼此的關係。對方要是不願採取雙贏思維，你更該率先啟動，就算只有一方先採取「知彼」的方式進行思考，也能產生很好的效果。

但習慣六「統合綜效」就需要雙方的配合。它源於雙贏思維以及「知彼解己」帶來的「了解」。統合綜效的魔力在於，它不僅能導出新做法，也能使人之間的感情強烈而穩固——因為你們一起努力、一起創造。這三個習慣代表「家庭」的本質。

接下來我們就針對習慣四深入探討。

沒有人喜歡輸

一位父親分享了以下的經驗：

我的兩個兒子小時候經常吵架。有一年我們計劃了一次大家期待已久的旅行，然而度假時，兩個孩子的衝突卻愈演愈烈。我覺得老大比老二更有責任，於是我問他為什麼老是跟弟弟吵架，他說：「他老是說些話來氣我。這次旅行，無論是在車上還是下車玩，我們都得待在一起，我受不了了！我希望搭公車回家，這樣就不用再看到他了。」他對弟弟的厭惡令我震驚，我說破了嘴還是無法改變他的想法。

回到營地後，我要小兒子跟我們一起去散步。他看到哥哥一同前來，便不願意加入，哥哥當然也不想去。在我再三的勸說鼓勵下，他倆終於答應。我們騎著腳踏車到附近的山上，三個人坐下來聊天。

我對大兒子說：「你剛剛談了些跟弟弟有關的事。現在他在這裡，我希望你當面告訴他。」他直截了當的說：「我討厭這次旅行！我想回家！這樣我就不必看到你了！」小兒子一聽，淚水盈眶，低著頭，靜靜的問：「為什麼？」哥哥立刻回答：「因為你老是說些讓我生氣的話！」

弟弟歎息：「我之所以會那麼說，是因為每次我們玩遊戲都是你贏。」「當然都是我贏啊，」哥哥馬上回話：「我比你棒！」

弟弟幾乎說不出話來，但是他態度誠懇：「是啊，每次我都輸。我只是沒辦法忍受每次都輸，才會說那些話氣你……我不希望你回家，我喜歡跟你在一起，我只是沒辦法忍受每次都輸……。」

這些話觸動了哥哥，他口氣變得柔和：「好吧，我不回去。但是你可不可以不要再惹我生氣了。好嗎？」弟弟回答：「那你可不可以不要每次都贏呢？」

兩個男孩的談話並沒有讓一切突然變得完美，但是卻讓往後的相處更為順利。我永遠不會忘記小兒子的話——「每次都輸」會使人說出蠢話、做出蠢事，這些話與作為會激怒對方、困擾自己。

沒有人喜歡失敗的感覺，但我們卻經常採取損人利己的做法而毫無所覺。許多人從小就被拿來跟其他兄弟姊妹相比；開始上學後，老師則把我們的成績公布出來供大家比較；社會充斥著強迫性的評分制度、競爭規則、角逐鬥爭等等；這些體制對家庭生活產生強大的影響，使我們容易落入損人利己的行為模式。

損人利己的後果

有一天，三歲的女兒舉行生日派對。我從外面回來，發現她氣沖沖的抱緊所有打開的禮物，不肯跟前來作客的小朋友分享。房裡還有幾位家長正看著，我覺得很羞愧。

房內的氣氛緊繃，一觸即發，孩子們圍繞著我的女兒，伸出小手，向她借玩具——這些玩具是他們剛才送給她的。但是我女兒拒絕了他們。我心想，我應該教女兒與人分享，於是試著要求她：「把玩具分給小朋友玩好不好？」

「不要！」她毫不客氣的回答。

「要是你肯跟他們分享玩具，以後你到他們家，他們也會把玩具分給你玩。」

女兒立刻答道：「不要！」

我愈發困窘。我試著利誘女兒，溫柔的說：「如果你肯把玩具分給其他人玩，我就給你糖果。」

「我不要糖果！」她大吼。

這下我也被激怒了，於是沒好氣的說：「要是你不聽話，待會兒有你好看的。」

「我不在乎！」她叫道：「這些玩具都是我的，我不必跟別人分享！」

最後我只好訴諸「暴力」。我抓起玩具，丟給在場的小客人，說：「孩子們，拿去玩吧！」

這場生日派對過後，珊德拉和我經過漫長的摸索，才了解到孩子會經歷不同的發展階段。現在我們明白，期待不到五、六歲的兒童跟人分享東西，是不切實際的。即使孩子年齡較長，疲倦、煩惱或擁有權等問題，仍會令他們的表現不盡如人意。當處境為難、承受壓力時，要你心懷諒解與包容確實很困難——你很容易覺得自己才是對的，也很容易為了達成自己的目標採取損人利己的做法。但是，這種做法對婚姻、家庭會造成什麼影響？當損人利己的態度成為你的典型反應時，會招致什麼後果？

我認識一位男士，他的妻子不喜歡他的工作，也不喜歡他的同事。她自認「跟他們不是同一類的」。有一次，這位男士任職的公司籌備聖誕派對，他滿懷希望的詢問妻子願不願意參加，她二話不說就拒絕了，於是這位男士只好獨自出席派對。

兩個月後，妻子參加的社團邀請一位知名作家發表演說。演講前有個茶會，由妻子擔任主持人。當天早上妻子徵詢了他出席的意願，這位男士表示不會出席。妻子非常震驚，憤怒的質問：「你為什麼不去？」丈夫冷冷的回答：「你不喜歡參加我的聖誕派對，我也不喜歡跟你的朋友在一起。」那天晚上，這位男士下班回家後，妻子一句話也沒說，獨自前往茶會。丈夫則打開電視，自顧自的看美式足球賽。

當婚姻中充滿角力爭鬥，當夫妻各行其是、彼此漠不關心，將會產生什麼後果？難道真有哪一方能「贏」？

損己利人的互動

那麼，損己利人的典型互動方式又是如何？我舉一位女性的例子：

我在高中時期表現傑出，曾是辯論隊的隊長、紀念冊的主編、首席豎笛手……總之是出類拔萃。但是上了大學後，我並不想追求事業，覺得自己一生中最重要的事就是為人妻、為人母。

我十四歲開始跟史提夫約會，大一念完後，就嫁給他，短短幾年內就生了幾個小孩。孩子帶來的繁多家務令我窒息，但我先生完全不幫忙。他經常得出差，即使在家，他也覺得家事與育兒的重擔全是我的責任。

那些日子，我經常抬頭看著時鐘，心中想著：「現在是九點，我可以花十五分鐘做這件事，而且要愉快的做。」我必須管理自己，幫助自己撐過這十五分鐘的沉重工作，否則我會覺得空虛得令人無法承受。

丈夫對我期望甚高，希望我做完美的管家、廚子與母親。但無論我怎麼做，他總覺得不夠好，總是批評我，甚至開始虐待我。出差期間，他還會到聲色場所尋歡。後來我請求他和我一起接受心理治療，他終於同意，但是並非出於真心。

一天晚上，我們去看心理諮商人員，他憤怒異常。諮商人員問他：「今天晚上你好像很生氣？你在想什麼？」丈夫答道：「沒錯！我是很生氣。我討厭自己總得跟在別人身後幫他們擦屁股。」

這時我覺得自己好像快死了。這些年來，我費盡心力，試圖營造一個完美的家。我究竟哪裡做錯了？

諮商人員問史提夫：「你是指哪些事？」

史提夫沉默了很久，突然間暴發出來：「今天早上我淋浴時，發現有人把浴帽丟在洗髮精的蓋子上！」

那時候我感覺自己彷彿愈縮愈小。我總覺得哪裡不對勁，過了一會兒才明白，無論我怎麼努力，史提夫還是會挑剔我、繼續用錯誤的角度看事情。我第一次明白，原來問題的癥結在他，而不在我。

我花費許多的時間去取悅他和改變自己，甚至想過在孩子放學回家後射殺他們，然後自殺——因為我無法忍受。

經過專業的協助，如今我已挺過。回顧過往，對於我未曾計劃殺死史提夫，覺得很有意思，原來我總是自責、總是歸咎於自己。

這位女士表現出極大的勇氣和主動積極的態度。她終於明白，問題在於丈夫。最後，她重回大學念書，拿到學位，帶著孩子搬到新的地方，建立了「沒有史提夫的新生活」。看了這個例子，你還覺得損己利人的行為模式，真能建立豐富長遠的感情嗎？真能獲得信任與愛？

雙贏思維

雙贏思維是美好家庭文化的本質。損人利己和損己利人的做法，最終都會導致兩敗俱傷。父母若習慣性的採取損人利己的態度，短期之內或許能按照自己的意思推動事情。但隨著孩子年歲漸長，有了自己的判斷，他們還會跟你保持一樣的關係，讓你影響他們嗎？至於損己利人的態度，短期內或許會受到孩子的喜愛，但是這種做法沒有願景、沒有原則，不會讓人產生敬意。最後，孩子們會因為缺乏父母的引導、經驗與決斷力，做出短視的決定。就長期而言，在缺乏原則的價值觀、缺乏敬意的親子關係中成長，當親子關係的基礎是操控而非信任時，親子都會蒙受巨大的傷害。

那麼，損己利人的態度對婚姻有什麼影響？夫妻雙方將只關心「誰」是對的，而不關心「什麼」才是對的；當一方變成另一方踐踏的腳墊，家中的每個人都是輸家。

培養與發展雙贏關係，適用於任何狀況，但是，最後達成的決定表面上看來未必是雙贏的。有時候你會做出孩子不喜歡，或損人利己的決定，因為你知道這個決定是明智的。這時你可以向孩子說明你為什麼這麼決定，盡量讓孩子感覺受到尊重。尤其如果這個問題對孩子極為重要，你更要多花點時間了解孩子的想法，好讓他感受到雙贏思維精神。

有時你會基於種種壓力、問題本身或是對方之於你的重要性，而選擇損己利人的做法。你這麼做的同時，等於在告訴家人：「我愛你至深；我們的快樂緊密交織，如果我堅持己見會使你不快樂，那麼我也不會快樂。」有些人可能認為這樣做是放棄、投降、妥協，然而其實你只是把注意的焦點從某個特定問題，轉向你所愛的人的價值和你們之間的感情品質。如果家人覺得重要的事你也覺得重要，你就該努力找出共同的目標或價值觀，這麼一來你們將能發揮創造力，找到更好的辦法實現這項價值，你將會發現，雙方秉持的精神和最後的結果都是雙贏的。

雙贏思維是高效能家庭互動的唯一基礎，是思考與互動的唯一模式。它能夠建立長遠的關係，帶來信任與無條件的愛。

從「我」到「我們」

一位男士分享了他的經驗：

幾年前，我的父母在一場墜機事件中喪生。全家人從全國各地趕來參加喪禮。但在收拾父母遺物的過程中，我的兄弟開始爭奪財物，為此互相攻訐。

「你以為你是誰！竟然想拿走那個五斗櫃！」

「我真不敢相信，他居然認為自己可以擁有那幅油畫！」

「你瞧她多貪啊，她不過是人家的媳婦耶！」

我發現自己也捲進了這個漩渦，開始批評別人。我知道，這麼下去家人將會分崩離析。為了避免這種情況，我決定用積極的態度影響大家。

首先我向家人建議，我們應該先給自己一點時間冷靜下來，如有必要，這段時間可以長達數個月，而這段期間，所有的財產都會收好，不做處理。接著我建議擬出分產的方法——這個做法必須讓一家人更團結，情感更凝聚，同時讓我們各自得到真正需要、喜愛的東西，讓我們永遠記得母親和繼父。大家似乎都很喜歡這個想法，也表示同意。

然而，往後的幾個月中，大家很容易陷入「嘿，等一下，我也要那樣東西！」的情境。但是我不斷回歸「以終為始」的態度，對自己說：「最重要的到底是什麼？是我們之間的感情啊。所以，該怎麼做呢？」我不斷的反思並向大家強調這點。我們先列出財產的清單，讓大家知道父母留下什麼東西，之後影印清單，發給每個人一份，清單上面附有一張紙條，提醒大家最後的目標是「家庭團結」：「看完這張清單，請按照重要性列出你最想要的五樣東西。挑選時別忘了為其他人著想。」

分產的日子到了，我心中明白，儘管這方法立意甚佳，中途仍會有變數。於是我對大家說：「請記住，我們來到這裡，是因為我們深愛逝去的這兩個人，也深愛彼此。希望這段經驗讓大家更快樂。」

經過一番討論，最後每個人輪流說出自己圈選的物品，以及這些物品對自己的重要性。我們發現彼此想要的東西很少重疊。如果有兩個人想要同一件東西，其中一個人會說：「老天！這也在我的單子上，但是現在我了解它對你為什麼這麼重要；我希望你可以擁有它。」

聚會結束時，我們對彼此懷有更多的愛；對母親與繼父，以及曾經共度的生活，懷有更多的愛與感激。

請注意這位男士如何在家庭的變遷中成為舵手。觀察他如何做出主動積極的抉擇，把全家的福祉當成最重要的事。這位男士所採取的方法，就是貨真價實的雙贏思維。許多人認為：「大餅只有一個，如果你拿到大的那塊，我就只能得到小的。」因此所有事情都得用損人利己的方式處理。但這位男士認為，每個人都不虞匱乏，我們可以找到更好的方法解決問題。這樣的心態就是「家庭」的精神，也是「我們」的精神。

有人認為，結婚或教養子女最困難的一點在於：它徹底改變你的生活方式——你再也不能安排自己的行程、進行自己認為重要的事情。你必須犧牲，滿足他人的需求——美好的婚姻與家庭需要服務和犧牲。但是，當你真的愛對方，願意與對方分享共同的目標，你就會從「我」的心態轉為「我們」的心態。有了「我們」的心態，家才會像個家。

作家卡特莉（Js. Kartley）和博克（Edward Bok）曾經說過：

> 抱持錯誤態度進入婚姻生活的人、抱持自私心態過婚姻生活的人、認為配偶自私且錯誤百出的人都會發現，婚姻生活令人惱怒、煩憂、難以忍受……一個人若是期望在婚姻中接受照顧與服務，他（她）的生活將為之扭曲。一個人結婚的出發點如果是「接受」而非「給予」，那麼他（她）一開頭就走錯了路……如果丈夫或妻子把個人的快樂當作主要目標，婚姻生活絕對無法展現真實的面貌。

雙贏思維的真實精神，就是追求對方的福祉，願意去愛、去犧牲，讓對方獲得最大的快樂。婚姻與家庭生活是塑造家人性格的嚴格考驗。在這項考驗中，我們能獲得真正的喜悅與充實。

常見到原本濃情蜜意的愛侶在結婚後，婚姻開始變質，最後以分手收場。其實，新人從頭到尾都沒有改變，改變的是從獨立到互賴的處境，這項處境使整個環境都改變了。隨著孩子出生、種種責任和嚴厲考驗的降臨，夫妻在情感、心智、社會與心靈方面互賴的需求，遠超過原先沉醉在蜜月濃情中的新人所能想像。夫妻若願意一起成長，不斷增加的責任和義務將把他們連結在一起；要是缺乏這個意願，兩人終究會分道揚鑣。

婚姻與家庭生活實在是修練人性的「研究所」。作家強生女士（Catherine Johnson）在著作《有幸與人相愛：快樂夫妻的祕密，以及他們的婚姻如何欣欣向榮》（*Lucky in Love: The Secrets of Happy Couples and How Their Marriages Thrive*）中指出，她曾做過許多研究，探討婚姻持久的祕訣。她指出兩項美好的觀念：

（一）雙方不再抱持單身的態度，並打從心底與對方結為一體。兩人靈魂合一，視彼此為知己。

（二）雙方關心彼此的感情，爭論時不在意是否擊敗對方。雙方都有自覺，能夠從對方的觀點體會與評估自己的看法。

上述做法能夠帶來最後的「勝利」，讓付出愛的人與被愛的一方，都能發展自己的性情，獲得充實感，這就是雙贏思維的真實精神。事實上，這種態度是三贏思維（win-win-win）——個人感到充實，家庭強大穩固，社會也因而獲益無窮。

如何培養雙贏精神

雙贏思維就是指在家庭互動中發揮雙贏精神。無論與哪一位家人相處，總是追求對方的最大利益。以下是做父母的可以考慮採用的幾項方法：

（一）讓孩子在小事上「獲勝」——

孩子年幼時發生的爭執，九〇％都是小事。在我們家，如果孩子想在房裡搭個鞦韆、弄得渾身髒兮兮，或是把建好的堡壘留在屋內，我們通常會順他們的意。對孩子來說，這是一種勝利；對我們來說，這也是一種勝利，因為它加強了親子關係。我們通常會把「原則」與「嗜好」分清楚，只在極為重要的原則上堅持己見。

（二）讓孩子參與重要的事情並提供意見——

這個方法會讓孩子了解到你已經把他們的福祉列入考慮。你不會僅依自身的見解或關注焦點做決定，而會開放的接受他們的想法。盡可能讓孩子參與、討論、了解問題，並找出解決之道。

（三）設法平衡競爭的焦點——

有一次我去看孫女踢足球，比賽雙方是來自兩個都市的頂尖球隊，雙方的父母都十分激動，小球員們則奮力作戰。最後兩邊打成平手，對我方的教練而言，這樣的結果差不多就等於落敗。

比賽結束後，雙方球員按照慣例握手致意，但是我方球員士氣低落。雖然教練試圖安撫，但孩子們明白教練內心失望極了；他們垂頭喪氣的穿過球場。

當他們經過家長席時，我狂熱的喊道：「太棒了，孩子們！這場比賽真不賴！你們有五個目標：盡力而為、享受樂趣、團隊合作、共同學習、獲得勝利。你們做到了九成，實在太了不起了！」孩子們的眼睛突然一亮，繼而歡聲慶祝。

即使在運動比賽這種損人利己的情境中，你仍能創造雙贏精神。我們發現，若是追求「團隊」的總分，全家人都能更愉快的享受運動時光。

珊德拉：

我們最小的孩子跟最大的孩子年齡差距很大，因此我們實在很難找到能讓全家人都開心的活動，雖然有時我們會一起去打保齡球，但分數最高的總是那幾個年齡較大、身材較高壯、技術比較高明的家人。

我們試著找出方法，讓每個人都覺得獲勝。最後我們決定不再以個人的最高得分決勝負，而是把所有人的分數加起來，為總分設定一個目標，如果達到了目標，大夥兒就可以一起去大吃一頓。所以，我們不再因為其他人打出全倒或表現得比自己好而感到生氣，每個人都盡其所能，好讓分數達成總目標。

這項做法成為全家人的雙贏策略。家裡不再分輸家和贏家，而是希望每個人都有最佳表現。

我們還發現，讓一個孩子教導或帶動另一個孩子，可以降低子女間的對立與衝突。

珊德拉：

西恩只比大衛年長一歲半，有時候他們會互相較勁，處於對立狀態。譬如，大衛學認字時，西恩常常模仿大衛，並且嘲笑他，尋他開心，搞得大衛哭哭啼啼。後來我們想到了好辦法。

我們把西恩帶到一旁，對他說：「你想不想接受一項任務？你比大衛大，而且已經會讀書了，你覺得自己能不能教大衛認字？你可以每天帶著他唸一個半小時，也許你對他的幫助會大過我們喔！」西恩想了想，接受了這個提議。

幾天後，他拉著大衛的手來到我們面前，展現兩人的成果：「你們聽聽大衛讀書！我每天都教他，他讀得真好！」

大衛翻開書，開始朗讀：「瑪麗……去……店裡……買、買東西。」他仍然說得結結巴巴，其實跟幾天前沒多大差別。但是我們說：「西恩，恭喜你，你教會大衛讀書耶！」

西恩一聽，小臉發亮，頗為自豪；大衛也很高興，他知道哥哥認為他做得很好。對他們來說，兩人在這件事上都是贏家。

創造雙贏情境的做法很多，即使對象是幼兒也不例外。年幼的孩子必須經歷許多發展階段，一旦父母了解這點，就能幫助孩子度過這些階段，發展雙贏思維。

珊德拉：

兩歲的女兒曾因我常照顧更小的弟弟而感到生氣、焦慮。我對她說：「小寶寶只會吃和睡，但是你和我有這麼多時間可以獨處呢！你要不要去找一本自己喜歡的故事書，這樣我就可以一面餵小寶寶、一面讀書給你聽？」於是，餵奶的時間就成了我們的說故事時間，問題也因而解決。

創造雙贏協定

有時我們會假設家人能滿足我們的某種期望。當對方無法滿足時，彼此間的感情就會受影響。因應之道在於：創造明確的期望。而家庭的「雙贏協定」能夠幫助你做到這點。一位女士分享了她的經驗：

我女兒非常喜歡交朋友。她喜歡參加各種活動——跳舞、啦啦隊、各種運動、戲劇與音樂會等等。她上高中時，學校對她來說就像天堂，因為她可以找到樂子，她可以跟人社交、認識更多男孩。升上高中不久，她的成績直線下降，還開始把家當成旅館，在外頭混得沒日沒夜。

我們眼看著一個聰明的女孩開始墮落，步上沒有未來的道路。一天晚上，我們向她詳細解釋「雙贏協定」，以及這種協定有什麼作用。我們請她思考這件事，一同來擬訂大家都能接受的雙贏協定。

隔天晚上，我們聚在客廳。每個人都帶了筆記本。我們請她說出她的需求——還真不少：她要更多的自由、要參與更多學校活動、希望回家的門禁時間延後，還要我們允許她與男孩出遊、給她錢參加舞會、讓她參加課外才藝輔導，並且更了解她、更不「落伍」。

隨後我們也說出自己關心的事，包括：成績不能太差、要規劃未來、要幫忙做家事、要遵守回家的門禁時間、定期閱讀、對兄弟姊妹態度和悅、交往的朋友必須具備良好的價值觀與習慣。

很自然的，她拒絕了某些要求。但我們條理分明的記下每件事情，也表達出真心希望與她達成協議的態度。這種態度令她印象深刻，於是我們很快訂出一項雙贏協定。在這協定中，雙方都有所付出和收穫。她堅持在協定上簽名，並且把這份協定掛在牆上。

那天晚上她的態度輕鬆，展現出一種彷彿不再需要向任何人證明任何事的樣子，她沒有理由再提出什麼「挑戰」來證明自己。

雙贏協定立基於相互的了解，有助於創造共享的願景、釐清人們的期望，並促使人們做出承諾；它們建立了彼此的信心。

雙贏協定的五項要素

多年前，珊德拉和我有一段有趣且獲益匪淺的經驗。它讓我們了解如何與孩子創造雙贏協定。或許它教給我們的最有意義的道理就是：如果你監督別人的目標，就無法要他們為結果負責。

我曾以下列這段經驗為基礎，針對不同的團體設計會議流程。當你閱讀這個故事時，請注意雙贏策略的五項要素：渴望的結果、方向、資源、責任、後果，並且看它們彼此是如何融為一體及相互影響。

我的小兒子史提夫曾自願要照顧草地。把這份工作交給他之前，我先對他進行徹底的訓練。

（請注意，以下幾段對話可以看出我們如何設定渴望的結果。）

我希望兒子心中有一幅清晰的圖像，了解「受到仔細照顧的草地」是什麼模樣。所以我帶他到鄰居的前院。「你看，」我說：「鄰居家的草地多麼碧綠乾淨，這就是我們追求的目標：碧綠和乾淨。現在過來看看我們家的草地。你要怎麼讓它變得同樣碧綠呢？全看你的。（請注意我們如何設定方向。）除了塗上油漆，你要採取什麼方法都行。不過如果是我，我會用自動灑水器，你也可以用水桶或水管澆水，或是整天朝草地吐口水，都無所謂。我們在乎的是『草地的顏色是不是夠綠』，了解嗎？」

「了解！」

「再來談談『乾淨』。乾淨是指草地上沒有繩子、紙屑、骨頭、木棍或是任何髒東西。我們先把半邊草地清乾淨，比較一下兩邊的差別。」我們拿出兩個紙袋，開始收拾半邊的草地。「現在看看這邊，再看看另一邊，你能分辨出兩邊的差別嗎？這邊這樣就叫乾淨……在你決定要不要接受這份工作前，我先告訴你幾件事，因為在你接受這份職務後，我就不會再說了。它會變成你的工作，這叫做『管家的職務』。『管家』是『一份受到信任的工作』。我信任你可以管事，完成這份工作。」

「現在告訴我，誰會是你的老闆？」我繼續說。

「你啊，爸！」

「不，不是我，你才是自己的老闆。難道你喜歡爸媽整天盯著你嘮叨不休？」

「我不喜歡。」

「我們也不想嘮叨啊，老是唸東唸西會惹人心煩，不是嗎？所以你得做自己的老闆。（請注意我們如何清楚的指出他有哪些資源。）現在你再猜一猜，誰是你的幫手？」

「誰啊？」

「是我，」我說：「你是我的老闆。」

「我是你的老闆？」

「沒錯！但是我能幫你的時間很有限，因為有時我不在家。不過，只要我在，你就可以告訴我該怎麼幫你。我會聽命行事。」

「好的！」

「你猜猜看，最後誰會來判斷你做得好不好？」

「誰？」

「你自己。你得判斷自己做得怎麼樣。（請注意我們如何設定責任範疇。）我們兩個人每星期要在院子裡逛兩次，你可以向我說明草地的狀況。你打算用什麼標準衡量自己的表現？」

「碧綠和乾淨。」

「對極了。」

接下來的兩週，我一直訓練他，直到我覺得他做好準備，能夠承擔這份工作。

「就這麼說定了，兒子。」

「一言為定。」

「你的工作是什麼？」

「碧綠和乾淨。」

「什麼是碧綠？」

他環顧四周，然後指著鄰居家綠意盎然的草地：「就是那個顏色。」

「什麼是乾淨？」

「就是沒有髒東西。」

「誰是你的老闆？」

「我自己。」

「誰會幫助你？」

「你。你有時間的話，可以幫我。」

「誰來判斷你做得好不好？」

「我自己。我們每週會在草地上逛兩次，我會向你說明草地的情況。」

「我們追求什麼目標？」

「碧綠和乾淨。」

當時我並沒有設定諸如零用金之類的報償，只是幫助他了解，當他把工作做好時，會產生怎麼樣的內在滿足和感受。（注意，對「後果」的認知與說明是很重要的。）

最後，我覺得史提夫準備好了。

這一天是星期六，他什麼也沒做。星期日情況照舊，星期一也沒有動靜。到了星期二，我把車子開出車道，看到枯黃糾結的草地和頭頂炙熱的七月陽光。「他今天一定會做的。」我想他一定會有所行動。現在是暑假，他還有什麼事好幹呢？

但是那天我開車回到家時，看到的景象與清晨差異不大。史提夫在街道另一邊的公園裡玩耍。

這件事真叫人無法接受，我很生氣、很失望。我們在草地上花了許多心血和金錢，而草地眼看著就要乾枯了。我差點就重拾老闆的角色：「過來，馬上把這些垃圾撿乾淨！」

但是我知道，這樣做雖然可以讓我立刻收到成果，但要怎麼樣才能讓他打從心裡做出承諾呢？於是我強顏歡笑，朝著對街喊道：「嗨，兒子，一切順利嗎？」

「還好。」他回答。

「草地的狀況怎麼樣？」這麼說的同時，我知道我違反了協定，我們的權責不是這樣劃分的。史提夫起了防衛心，他說：「很好啊。」

我閉上嘴巴，直到晚餐後才對史提夫說：「兒子，讓我們進行先前雙方同意的事。我們到草地上走一走，你可以向我說明你的管家職務進行得怎麼樣了。」

我們一開門，他的下巴就開始顫抖，淚水滿眶。走到草地中間時，他開始啜泣，「這實在太難了，爸。」

「有什麼難的？」我心想：「你什麼也沒做啊！」但是我知道，困難之處在於自我管理、自我監督。所以我說：「我能幫什麼忙嗎？」

「你願意幫我嗎，爸？」他吸著鼻子說。

「我們之前怎麼協定的？」

「你說過，只要你有時間，就可以幫我。」

「現在我有時間。」

他跑進屋裡拿出兩個紙袋，將其中一個交給我。「你幫我把那堆髒東西撿乾淨，好嗎？」我照著他的要求做了。在那一刻，他在心中簽署了這份協定，這片草地成為他管家的職務。

那年夏天，他只要求我幫他兩、三次。自從換他照顧那片草地之後，草地更加碧綠、更加乾淨了。他兄姊要是把糖果紙丟在草地上，還會挨他罵呢！

按照我們創造的協定過生活，實在有些困難。但是我明白採取這種做法會產生怎麼樣的力量。這種雙贏協定的力量包含五個要素，你遲早要面對它們。一開始，要建立這五個元素可能很花時間。但是在孩子還小時盡早投資時間，遠比日後面對嚴重的後果才想方設法，要好得多。

雙贏思維的關鍵

雙贏思維顯然是家庭生活的核心。但是若事情發生的當下，你陷在情緒裡，被動的做出回應，要抱持雙贏思維可能極為困難。所以，在事件與自己的回應之間稍做暫停，是很重要的。珊德拉和我在家庭生活中發現，實踐習慣四的要訣在於：運用這個暫停按鈕，使自己與「整體的生命圖像」（big picture）連結起來。

幾年前，珊德拉在起居室的四面牆上貼滿了各個階段的家庭照片。因為她希望所有家人和她用一樣的態度看待彼此。例如，當她凝視我們三十三歲的兒子（已婚，有四個孩子）時，珊德拉心中也看到了一個四歲的小男孩走進屋來，尋求媽媽的安慰，請媽媽在他擦傷的膝蓋上貼塊護絆；她同時看到一個十二歲的男孩升上國中時，忐忑不安的模樣；她還看到一個十七歲的男孩擔任美式足球後衛，勇敢的對抗敵手……最後她看到一個二十四歲的男子懷中抱著他第一個孩子。

對珊德拉而言，家中的每個人都擁有比此時此刻更多的內涵。她希望把這種看法傳遞下去，讓家人都能藉由這種見解互相欣賞。

珊德拉：

看到每個來我們家的人都會注意到那面照片牆，我覺得真好。他們注意到我們家人容貌相似，也會指出某個孫兒簡直就是他母親或父親小時候的翻版。我們的子女與孫兒女總會聚集在照片前面：

「我最喜歡那件粉紅色的裙子了。」

「你媽媽真漂亮……」

「你看，我那時候也得戴牙套。」

「你看我的肌肉多結實！」

「這個就是你爸爸。」孩子告訴他們自己的孩子，「我做了三年的舉重運動，身材才變得這麼棒。」

每當我想到自己的子女，我不會只想到他們今天的長相與行為，我的心中充滿了過往的記憶——他們常說的話、常穿的衣服、各個時期的長相與經驗等等……。觀賞照片牆，就像是用幾秒鐘的時間讓你的一生在眼前一閃而過。我的心中充滿了回憶、感傷、驕傲、喜悅。

我很希望把照片牆再做延伸，看看自己、配偶和子女在十年、二十年、甚至五十年後是什麼模樣。如果我們能看到他們將面對什麼挑戰、他們的個性將展現哪些力量、他們將做出什麼貢獻，我們的心智與心靈都會因而擴展。如果我們能超越當下的行為，從這個角度來對待家人，彼此的互動將會產生極大的差別。

針對這種願景——而不是依據當下的情緒和行為——來採取行動，就是為人父母的要旨。珊德拉和我曾經學到，懲罰和紀律的差別就在於：該作為是否「幫助孩子認識整體的生命圖像」。

以下我舉例說明以「暫停房間」（time-out room）教導孩子學習紀律的做法：

在孩子表現出失當的行為之後，許多人會要求孩子進房間思過，直到他願意改過才放他出來。若你想要懲罰孩子，通常會說：「你得進這房間，待個三十分鐘才准出來。」若你想教導孩子紀律，會說：「你必須待在這房間，直到你決定實踐我們以前同意的做法。」只要孩子表現出父母要求的主動作為，做出正確的抉擇，就可以離開房間。如果他走出房間卻繼續犯錯，就表示他尚未下定決心。這時父母必須和他討論這個問題。要注意的是，你得表現敬重和肯定的態度，讓孩子擁有選擇的權利。「紀律」不是情緒性的產物，而是一種直接而務實的做法；它期許對方實踐先前達成的協議。

當孩子行為失當，父母應記住習慣二「以終為始」，向孩子清楚說明你希望達成的目標。父母的使命就是幫助孩子學習、成長，培養他成為負責任的人，而紀律的目的在於「幫助孩子培養內在的約束力」，如此，即使孩子受到外力影響，仍能做出正確的決定。

珊德拉和我發現，當我們的孩子體驗到這種紀律時，他們內心會產生與過往徹底相異的精神。他們比較會將精力用於面對自己的良知，而非對抗父母；他們會愈來愈願意接受教導。紀律往往能增加雙方的情感，親子關係會因此充滿善意，而非否定與苛責。雖然孩子仍會做出錯誤的抉擇，但在以原則為重心的家庭環境中，他們會逐漸信任原則所蘊含的信任感與穩定感。

在每次家庭互動中，能否見到「整體的生命圖像」會產生極大的影響。我們應該永遠保持信心，假設每個人都盡力而為。如果我們相信自己和別人都在持續改進、成長，並基於善良的信念採取行動；如果我們都能著眼於終極目標，就能擁有雙贏思維所需要的動機和承諾力。

起步的建議——成年人、青少年篇

（一）跟家人討論：一個人若採取雙贏態度，能夠怎麼改變某種情境或某個問題？

（二）討論損人利己和損己利人的思考方式會產生哪些不同的後果。問家人：你能否想出在什麼情況下，採取前述兩種做法會比雙贏思維的效果更好？

（三）與家人討論如何在生活中發展雙贏態度與行為模式，從「我的」心態轉變成著眼於「我們」。

（四）與家人討論雙贏協定對親子關係會產生什麼影響。試著與某位家人建立一份雙贏協定，並努力實踐。之後一起討論這份協定所帶來的挑戰與益處。

（五）跟家人討論紀律與懲罰有何不同。詢問家人：如何在不施加懲罰的情況下學會紀律？

（六）討論何謂「整體的生命圖像」。家人若發生爭執，「超越當下的情緒反應」能怎麼幫助你建立雙贏思維？

起步的建議——兒童篇

（一）跟孩子玩遊戲；告訴孩子，在這個遊戲中，「獲勝」表示每個人都贏。接著設定規則，讓「表現慈愛」、「體貼」比「得到高分」更重要。觀察遊戲的進行。遊戲結束後，與孩子討論「幫助彼此」給他們帶來什麼感覺。

（二）邀家人去看球賽。請孩子寫下他們認為球場上的「最佳事項」，比如：最佳球賽、最佳團隊合作、最佳運動技巧、最佳協調能力。事後，比較孩子們的筆記，讓他們分享觀察到的美好事物及自己的感受。

（三）挑一個令你和子女都覺得困擾的問題。與孩子討論各自的想法，看看怎麼做才能讓每個人都獲益。試著找出真正的雙贏做法，達成協議後，討論彼此的感受。

（四）找出幾個你的家庭生活中需要加強互助合作、改善態度的事情，問孩子認為怎麼做才能解決這些問題，同時使每個人都獲益。

5

習慣五

知彼解己

Seek First to Understand... Then to Be Understood

學習先知彼（to understand），而後解己（to be understood），家庭生活的交流閘門將應聲而開。教授習慣五時，我常到觀眾席中摘下一名觀眾的眼鏡，並試著說服另一個人戴上這副眼鏡。

當我拿眼鏡湊向對方——假設是位女性——她通常會退縮一下，遇到深度眼鏡時尤其如此。我會請她「再試試」，但有時她會退縮得更厲害。如果她覺得受到威脅，表面上雖會照著我的話做，骨子裡卻不甘願。這時我會說：「我覺得你好像不太甘願。你得抱持正面態度，用更正面的想法來看啊！你一定可以辦到的。」這時，她通常會勉強笑笑，嘴巴說：「那樣沒什麼用。」

接著，我會試著製造壓力，或用某種方式威脅她，譬如：「你這是什麼態度！現在就給我戴上！」「難道你不想成為團體的一分子嗎？」「噢，你戴這眼鏡很好看的！」我從動機、態度、虛榮心等處著手，可是經常無一奏效。為什麼？因為它們全源於我，而非源於她個人與她的觀點。

在意圖影響他人之前，我們必須先求知彼。缺乏了解，你可能只是白費功夫，無法產生真實的影響。每個人都透過一副源於自己特殊背景及有限經驗的眼鏡看世界。這副眼鏡造就了我們的價值體系，以及對世界的假想。

造成溝通決裂的主因之一，即參與者對同樣事件意見相左。參與者迥異的本性及經驗背景，使得他們意見不合。若未能將產生歧異的原因納入考量，參與者互動時，很容易批判對方。我們將個人有限的經驗投射到外在世界，認為自己看到了世界的真貌，事實不然。除非我們能夠跨越自己的經驗藩籬，透過他人的眼睛去看世界，否則永遠無法與他人建構深厚、真誠的關係，也無法擁有正面的影響力。

誤解是家庭痛苦的核心

多年前一次刻骨銘心的經驗，讓我謙卑的記取習慣五的精髓。

那時我正好有一年的教職年休，全家在夏威夷待了約十五個月。我通常會在近午時騎著摩托車去接珊德拉，並帶兩個學齡前的孩子到蔗田兜風。我們邊騎邊聊天，最後在一處海灘停下來，步行兩百碼，來到風光明媚的景點野餐。

某天，我們談到一個敏感話題：珊德拉向來只買富及第（Frigidaire）電器產品，我不懂她為何如此執迷。在我們倆剛成家時，手頭拮据，當時我們住的大學城沒有賣這個牌子的產品，她還堅持開五十英里路的車，到買得到富及第產品的「大城」去。

最讓我不解的是，她的論調在我看來沒有事實根據、有違邏輯。其實，只要她坦言自己的反應純粹是情緒使然，我想我就可以接受了。但珊德拉的辯詞委實令人氣結。某天就為了這件小事，我們兩人就只埋頭騎車，不願正視對方的眼睛。

後來，談到我們在夏威夷的電器用品時，我說：「我知道你大概會比較喜歡富及第的。」「是啊，」珊德拉同意：「不過，我們現在用的產品好像也不錯。」接著，她便談到小時候擔任高中歷史老師兼教練的父親為了養家，兼營家電生意，富及第就是店裡的主打品牌之一。父親教了一天書後回到家裡，又在電器行工作至深夜。他常躺在沙發上，讓珊德拉為他按摩腳，這是父女倆每天共度的美好時光。父親常在此時談到對生意的憂心，並跟珊德拉訴說，他十分感激富及第在經濟不景氣的困境中讓他融資，否則自己早就關門大吉了。

珊德拉談到這些往事時，數度哽咽不語，百感交集。父女間的溝通在她心底烙下難以磨滅的印象。我終於明白，過去我從未設身處地為她著想，只是用邏輯、用自己的角度看待這件事，未曾努力試著了解她，以致珊德拉從未跟我談論這件事。

那天我們覺得兩人的關係煥然一新，緊密相繫而彌足珍貴。缺乏真正的了解，便不可能擁有豐富滿足的家庭關係。除非家庭關係建築在真誠了解的基石上，否則容易變得膚淺而機械化，不能帶來深厚的滿足感。

誤解是大多數家庭痛苦的核心。前不久，有位父親跟我分享他的經驗。這位父親常因兒子離開他的視線而懲處他，可是小男孩屢犯不改，終於，某次懲處後，男孩淚水盈眶的看著父親問：「爸，視線是什麼？」

凱瑟琳（女兒）：

有很長一段時間，我總是搞不懂，為何三歲大的兒子不肯到朋友家玩。他的朋友每週都會到我家好幾趟，彼此處得很好，也會邀兒子到他家玩，他家院子有大沙堆、鞦韆和綠色大草坪，每回兒子都說會去，可是走到一半，便紅著眼眶跑回來了。

我試著聆聽兒子說話，探究他的恐懼。之後兒子終於敞開心扉，坦言因為不知道朋友家的浴室在哪裡，怕自己會尿褲子，才會如此。

我牽著兒子的手，帶他到朋友家，跟對方母親談，她告訴兒子浴室在哪裡、門又怎麼開，還說如果有需要，都可以找她。兒子鬆了一大口氣，便決定留下來玩，之後就再也沒問題了。

鄰居念小學的女兒也有類似經驗。他們的其他孩子都課業頂尖，因此女兒數學不好令夫妻倆很訝異。父親決定找出問題癥結。他仔細解釋減法的觀念，並讓她試做幾道題目，結果她還是無法融會，一頭霧水。

鄰居很有耐心的用實物示範，他拿出五顆蘋果排成一列，然後拿走其中兩顆。突然間女孩小臉一亮，恍然大悟說：「噢！原來減法就是『把東西拿走』嘛！」面對年幼的孩子，我們必須了解他們的背景和想法，因為他們通常不會用文字解釋。

家庭成員的錯誤大部分都不是出於惡意，只是未能真切了解、未能看清對方的心思所致。如果整個家庭能培養開放的胸襟，那麼，多數問題便能迎刃而解。

我們可以藉由了解差異，來調整自己的期望。期望是批判的基礎，假如你了解六、七歲大的小孩常喜歡誇大事實，就不會對他們的行為過度反應。所以，了解各成長階段的特徵、情感需求及反應模式，十分重要——一旦你了解，就不會輕易批判；缺乏了解，便難有明智之舉。我們之所以批判，常是出於自衛，因為只要給對方貼上標籤，就不必再對他多費心思，而且，若我們不抱期望，自然就不會失望。

不過，批判或貼標籤的問題在於，你會認可自己的批判，並以此來解讀所有訊息，這就是所謂的「偏見」、「預判」。例如，你若認定孩子不懂感激，便會下意識從他的行為中尋找支持自己論點的佐證，但是同樣的表現在另一個人看來，也許解讀會不同。當你依據自以為是的批判行動，問題將會更嚴重，並衍生更多類似的行為，甚而演變成「自己促使預言實現」（self-fulfilling prophecy）。假如你給孩子貼上負面的標籤，並依此與他應對，孩子可能會覺得你霸道而挑剔，他將會反彈，你也會愈發覺得孩子不聽話，就這麼惡性循環下去。

妄下批判是健康關係的一大障礙，在這種惡性循環裡，誤解只會愈積愈深。藉由「將心比心」，這兩項問題都可以克服。

知彼——心理的空氣

一位父親談到自己試著了解女兒的心路歷程，以及「知彼」對父女倆深遠的影響：

女兒凱琳約十六歲時，開始對我們十分不尊重，常出言不遜，這樣的行為也影響了她的弟弟和妹妹。某天晚上，凱琳衝口說了些很不恰當的話，我便開始一番長篇大論，我提到我們為她做的一切：舉行生日派對、協助她考取駕照、讓她開自己的車。說完後，我以為凱琳會感激涕零，可是她竟然語帶挑釁的說：「那又怎麼樣？」

我氣炸了，怏怏的說：「你給我回房間去，待會再跟你談！」凱琳摔上自己的房門。

我氣得踱來踱去，接著我突然想到，我並沒試著了解凱琳，只站在自己的立場想。這份覺悟扭轉了我對凱琳的感受。之後我來到她房間，第一件事就是為自己的粗魯舉止致歉：「我知道你心裡有事，可是我不知道是什麼。」我讓她知道我真的想了解她，營造出讓她願意跟我分享的氣氛。

凱琳起先有些遲疑，後來開口談到她近期的處境：身為高中新生，她不但得把書念好，還要注意人際關係；她害怕自己開車，因為這是全新的經驗；她剛接了一份兼職，不知道老闆對她評價如何；她在上鋼琴課，還要教琴，忙得有點叫她吃不消……。

最後我找到問題的癥結了——凱琳覺得手足無措，她渴望家人的關注。其實，她真正想說的是：「拜託誰來聽聽我的心聲吧！」了解這些後，我告訴她：「所以當我要求你尊重我們時，你覺得又多了一件事。」「就是嘛！」她說：「又多了一件事！我連眼前的事都應付不暇了。」

我把妻子拉來，三人坐下來腦力激盪，設法讓凱琳簡化自己的生活。接下來幾週，凱琳像是變了個人似的，對自己選擇生活的能力更具信心。她知道父母了解她、也支持她。

凱琳用行為掩飾心中的憂懼，父母若只針對她的行為回應，便永遠無法明白她的煩惱。唯有終止批判，試著誠心了解對方，方能改善問題。知彼之所以如此重要，主因在於——「了解」會給予他人「心理的空氣」（psychological air），有沒有窒息得好想吸口氣的經驗？那一刻你還在乎別的嗎？還有比呼吸空氣更重要的事嗎？情感與心理希望得到了解，就像我們需要空氣。

珊德拉：

某個星期六早晨，史蒂芬在辦公室工作，我打電話給他：「我在城裡有個約，快遲到了，需要你趕快回來幫忙。」

「幹嘛不找辛希雅？」他建議說：「叫她幫你就可以啦。」

我回答：「她根本不肯合作，你快點回來嘛。」

「你跟辛希雅之間一定出了什麼問題，」史蒂芬說：「把你們之間的關係搞好，一切就沒事了。」

「史蒂芬，」我不耐煩的說：「我沒時間了，能不能拜託你快點回來？」

「珊德拉，我得花十五分鐘才能到家呀！」他回答：「如果你肯坐下來跟她談，只要五到十分鐘就可以把事情解決了。問問她到底氣你什麼，然後道個歉。」

「我想不出來我做了什麼事惹她不高興。」我說。

「那就坐下來聽她說嘛。」史蒂芬回答。

於是我去找辛希雅。一開始，她一副無動於衷的樣子，也不肯回話，因此我說：「甜心，我一直忙東忙西，沒時間聽你說話，我覺得好像有很重要的事困擾著你，願不願意跟我談談？」她終於衝口說了：「不公平！不公平！」然後表示我們曾說過，她可以跟姊姊一樣到朋友家過夜，可是從未兌現。

我只是坐著聽她說，根本還沒開始解決問題，可是她一宣洩完就沒事了，突然說：「去吧，媽。快去，其他的事情我來接手。」一旦獲得心理空氣，她便能設法解決手邊的問題。

人們渴望心理的空氣時，並不在乎你說什麼，只希望獲得了解，因為那表示你關心他們。我們為什麼對對方吼叫？其實我們想說的是：「請聽我說！請尊重我！」問題是，吼叫往往會引發反彈，引發更多不滿，甚至抗辯。這會導致惡性循環，不但無法讓對方了解自己，還傷害彼此的關係，之後就得花更多時間與心神去彌補。若能在一開始就培養「知彼解己」的習慣，先練習耐心自制的聆聽，效果反而更好。

人類心靈深層渴望獲得他人的了解。因為了解是對個人價值的肯定，當你真心聆聽別人的話時，等於滿足了對方的這項需求，並予以回應。

我有位朋友，多年來，老公總是不斷告訴她：「我愛你。」還三不五時奉上嬌豔的玫瑰。她很喜歡這種情感溝通方式。但是，要是老公沒有幫忙家事，朋友便會感到失望，一旦老公動手做家事，她的反應比收到玫瑰還雀躍。這種情形持續多年，雙方都未能了解問題出在哪裡。某天晚上兩人閒聊，朋友憶起自己的父親總愛幫忙分擔家事、修東西、粉刷、DIY，她突然了解到，原來對自己而言，父親的作為是深愛母親的表示，「服務」即是父親愛的語言。

不知不覺中，朋友將這種溝通形式移植到自己的婚姻裡。當先生未能即時回應她這類需求時，她便不自覺的感到失落。兩人發現這點後，朋友便從全新的角度看待眼前的景況，更珍惜丈夫的表達方式。她的先生也運用自己的四項稟賦，開始更頻繁的用另一種方式向妻子表達愛意。

我們常將己之所欲施於人，「如果這件事對我具有某種意義，他人必然也做如是想。」但事實不然，每個人都是獨一無二的，也都需要以獨特的方式得到愛。因此，要用對方認同的「語言」示愛。

人都是非常柔弱敏感的。有些人因而學會藉著隱藏、裝腔作勢來自衛，可是，無私的愛、慈悲與好意常能穿透這些表象，直探心性，使人產生回應。因此，在家中創造充滿愛與滋養，可以使我們敞開心胸、承認自己脆弱的環境，是無比重要的，也是我們能給家人的最大貢獻。

處理負面包袱

有時創造這樣的環境相當困難，尤以處理過去的負面包袱和眼前的負面情緒為甚。以下是麥可的經驗：

當年遇到我老婆珍妮時，她有六個月的身孕，孩子叫傑利。珍妮的前夫叫湯姆，結婚時兩人都還很年輕，婚姻的壓力重重打擊了小倆口，甚至出現婚姻暴力。於是珍妮在懷胎五個月時離開了湯姆。

當時，湯姆已訴請離婚，也申請共同監護這名他還無緣得見的孩子，狀況相當複雜。珍妮嫁給我後，我找到一份工作，兩人必須遷居他州。湯姆每兩個月會來探望傑利一次，我們也讓傑利每兩個月到加州去看他。

表面上，大家似乎相安無事，可是，我卻成了珍妮和湯姆的傳話筒。湯姆打電話來，珍妮常常摔他電話。湯姆來訪前，珍妮通常會先一步離開。湯姆常打電話給我，問道：「我是該跟你說，還是該跟珍妮講？」為此，我心裡覺得很不舒服。

今年春天，湯姆打電話給我：「傑利八月分就滿五歲了，到時他就可以合法自己坐飛機了，與其我去看你們，自己一個人待在旅館，既沒車子、又沒朋友，何不乾脆由我付錢，讓傑利飛來這裡？」我告訴他我會跟珍妮商量。

「休想！」珍妮一口回絕，「門兒都沒有！傑利還那麼小，連飛機廁所都不會上呢。」有一回她說：「這件事留給我處理吧！」可是，幾個月過去了，卻未見她有任何行動。終於，湯姆打電話問我：「怎麼回事？傑利會過來嗎？」

我試著鼓勵兩人好好談談。他們兩個人都信任我，也同意這麼做，可是我擔心自己無法順利引導談話，也怕他們最後都會基於某些原因而恨起我來，於是決定打電話給亞當，他是位深諳七個習慣的朋友兼合夥人。亞當同意跟雙方談談。

亞當教湯姆跟珍妮同理心式傾聽的原則，教他們如何拋下定見，傾聽對方的話語與感受。等珍妮談完自己的感受後，亞當會問湯姆：「好了，珍妮剛才跟你說什麼？」「她怕我，她怕萬一哪天我發脾氣，會動手打傑利。」珍妮瞪大了眼睛，了解湯姆聽出她話裡的弦外之音。她說：「我心裡確實是這麼想。」

等湯姆表達完後，亞當也問珍妮：「湯姆剛才說了什麼？」「他說他害怕被拒絕，害怕孤單，害怕再也沒有人肯關心他。」珍妮認識湯姆十五年了，卻從不知道他小時候曾遭父親遺棄，所以他痛下決心不拋棄傑利。

她不知道兩人離婚後，湯姆覺得形同再次被遺棄。她開始了解過去五年來湯姆的困境，明白幾年前湯姆宣布破產後，由於無法取得信用卡，因此來看傑利時無法開車，只能獨自待在旅館，既沒有朋友，也沒有交通工具。

感受到對方的了解並談到問題核心後，他們倆談了三個半小時，之後他們分別告訴我：「你知道嗎？我們談的事跟傑利無關，我們談的是彼此的信賴。一旦解決這個問題，傑利的事就不再是問題了。」跟亞當會面後，我們三人間的氣氛變得更加輕鬆融洽。

兩星期後，珍妮去探訪湯姆。湯姆生平首次跟珍妮道歉：「我很抱歉對你動粗，很抱歉我以前嗑藥，也很抱歉拋下你們母子。」

等到下一次湯姆來看我們時，他已經開始懂得說「謝謝」了。他離開一個禮拜後，珍妮收到湯姆寄來的一封短箋——

親愛的珍妮：

我覺得我必須把對你的感激寫下來。過去我們曾彼此怨懟，可是，上週六我們一起合力打開心結，因此……我要感謝你。謝謝你同意見亞當，謝謝你分享你的感受和看法，謝謝你聆聽我說話，謝謝你與我共創愛的結晶，謝謝你擔任孩子的母親。

以上是我誠心真意的表白。

湯姆

同時間，我也收到湯姆的一封信。

親愛的麥可：

我想正式跟你道謝，謝謝你安排我跟珍妮、亞當碰面，這對我的影響，實非言語所能形容。若非你居中斡旋，真不知珍妮和我的關係會惡劣到何種程度……。

致上我最深的謝意

湯姆

「了解」、「釋懷」與「寬恕」化解了心結，如今雙方和睦融融。我想，未來還是會有挑戰，但信任基礎已經扎穩，適度溝通的方式也已建構妥當。如今，珍妮和湯姆彼此相當尊重，也真心關心對方及孩子。

湯姆和珍妮克服了憎恨、埋怨與指責，化解雙方的衝突，並遵循原則，不再意氣用事，他們是怎麼辦到的？

在知彼的過程中，兩人獲得了心理的空氣，因而終止了爭執。他們運用自身的稟賦——尤其是「良知」與「自覺」，變得更坦然，認清自己過去的作為，進而道歉、寬恕。這種治療與釐清的過程，開啟了真誠關係的門扉、統合綜效，創造更好的境況。我們可以從中看出，不求知彼會導致批判（通常是錯誤的批判）、拒絕與操縱，知彼則會帶來了解、接納及參與。

克服憤怒與不悅

負面情緒包括憤怒與不悅等等。動怒造成問題；驕傲使我們困陷其中。魯益師（C.S. Lewis）曾說：「驕傲的本質是競爭。驕傲者光是『擁有』並不會快樂，他必須『比別人得到更多』才行……在比較中，認為自己高人一等會令人驕傲。一旦競爭的因素消除，驕傲便會遁形。」最常見、也最傷人的驕傲就是：「我才是『對的』，得按照我的方式做。」

再次提醒：即使偶爾亂發脾氣，其他相處時間的品質仍將受到影響，因為別人不確定何時你會再度火山爆發。家中某人憤怒失控所造成的傷害、恐懼與威脅，往往難以見容於其他家庭成員。他們或者反擊，使問題愈發嚴重；或許低調應對，連妥協都稱不上。結果是一家人各行其是、拒絕溝通、各過各的。

人們得探究自己的內心，採取必要的潛修，釐清、克服自己的負面傾向，勇於道歉，並慢慢藉經驗來化解根深柢固的執見，方能重拾關係中的信賴。預防工作包括戒除一些惹人厭的言行舉止、學習控制怒氣，或以建設性的方式適時表達。我們可以「決定」不被激怒，因為憤怒是一種「選擇」。

他人出言不遜往往出於無意。即便是有意，我們也別忘了，無論什麼狀況下，我們都可以選擇主動化解紛爭。這種選擇能培養個人內在的安全感，使我們禁得起外在刺激，更使我們以家庭為先，不至於因為嫌隙而阻絕了彼此的溝通及家庭活動的參與。

相扶相持並不容易，需要你投入大量而恆長的努力與勇氣。就短期而言，各過各的的確能讓你多做一些自己的事，然而，真正的家庭樂趣卻盪然無存。處理負面經驗的方法相當重要，即討論、解決、設身處地為對方著想，並且尋求彼此的諒解。遇到令人不悅的事情時，可藉由認知自己的角色，聆聽並了解別人對這些經驗的看法與感受，來化解負面情緒。換言之，率先坦露自己的脆弱，有助於他人坦然相對；在交心的過程中，深厚的關係也應運而生。

做個「忠實的譯者」

用心聆聽另一個人的思維與心聲，叫做「同理心式傾聽」（empathic listening）。這方法是設身處地、嘗試以他人的雙眼來探究世界，這是唯一能夠真正深入他人思考模式的方式。你可以假裝聆聽別人說話，也可以選擇性或禮貌性的聆聽，然而，除非能夠設身處地，否則難以跳脫自己的思考模式，無法真正明白他們對世界、對自己以及對你的看法。

有一回，我在印尼雅加達教授同理心式傾聽的原則。我望著觀眾，看到許多人戴著耳機，心裡閃過一個念頭。我說：「想了解什麼是同理心式傾聽嗎？只要想想你們耳機裡的翻譯人員在做什麼就對了。」這些譯者做的是同步翻譯，也就是在聽我說話的同時，重述我所說的話。

學習同理心式傾聽最有效的方式之一，就是改變原先自設的角色，僅將自己視為一名「忠實的譯者」。此時，你可以利用「暫停按鈕」，跳脫當下的情緒，把自己的工作視為翻譯，用新的話語把對方傳達給你的重點轉述出去。如此一來，你便不會對談話內容持有個人意見，而會試著了解對方所說的要點。

心理學作家鮑威爾（John Powell）曾說：

> 我們要聆聽的是話語中的含意，而非文字本身……藉由真誠的聆聽，我們能穿透文字，發掘對方的內心。傾聽是透過表達出來的語言與非語言，探究個人真誠可貴的內在，因為文字對你我的意義不盡相同，難免會遇到語意上的問題。
>
> 因此，我絕對無法照本宣科，我僅能告訴你我所聽到的。我必須用別的措辭重述你說過的話，並跟你確認意旨完整未受扭曲。

同理心式傾聽的原則

讓我們一起看看下面這則故事，進一步掌握「了解」或「忠實的譯者」的要義。

假設這幾天，你發現荳蔻年華的女兒很不開心，你問她怎麼回事，女兒回答說：「沒什麼啦。」可是，一天晚上，你們兩人一塊兒洗碗，她開始坦露心事了。

「家裡規定我得再大一點才能約會，真是糗斃了。我朋友都在約會，而且成天掛在嘴上，我覺得自己好土。約翰一直邀我出去，他一定會邀我參加週五晚上的派對，可是，如果我又拒絕他，他就要對我死心了，卡洛和瑪莉也會懶得管我了。」

你要怎麼回應？

「別擔心，沒有人會對你死心的。」這是用自己的價值和需求進行評估批判。

「堅持原則，別管人家怎麼說、怎麼想。」這是從自身的觀點或需求提出建議。

「告訴我，他們說你什麼。」這是在探問訊息。

「他們會這樣說，是因為佩服你能堅守原則，你會不安是正常反應。」這是用自己的觀點詮釋女兒及她朋友的心態。

以上可能是典型的回應，卻不夠體恤。我們在「傾聽」的同時，心中常常已經存有定見，因此，會從自己的角度評估、建議、探詢或詮釋。然而，這些源於我們的背景、環境及價值觀的典型式反應，並沒有真正傾聽、了解對方。

那麼，如何做出同理心式的回應？

首先，回應女兒的感受，讓她覺得你真心了解她。你可以說：「你知道家裡規定不能約會，卻又覺得尷尬，因為別人都可以約會，你卻得拒絕，因此覺得無所適從，對不對？」或許她會回答：「是啊，就是這樣。」她可能還會繼續說：「可是最教我害怕的是，等我真的開始跟男生約會，我會不懂得如何回應，因為大家都在學習，我卻沒有。」你如果真心試圖理解，可能會回答她：「你害怕時機一到，自己卻不知道該怎麼做。」也許她會承認，然後進一步探討心中的感受，或者她會說：「也不盡然啦，我的意思其實是……」然後繼續試著將心中的感受與問題說清楚。

回頭看看其他的回應方式，你不難明白，它們都無法達成同樣的效果。而當你採取了解式的回應，雙方都能更深入了解彼此的考量，同時也建立起深厚的關係，使溝通之途更為順遂。

讓我們再舉一個例子，比較典型回應與同理心式回應之間的差異。在第一段對話中，辛蒂的母親先求表達自己的意見：

辛蒂：媽，瑪姬今天被啦啦隊開除了。

母親：為什麼？

辛蒂：她男朋友在車裡喝酒，她剛好也在裡頭，兩人在校園裡被逮個正著。這根本不公平，喝酒的又不是瑪姬，是她男朋友啊！

母親：辛蒂，我覺得瑪姬自己活該，誰要她交這種損友。希望這次經驗能讓你們學到教訓，別老交那種損友。對了，瑪姬當時沒去上課？那時你有沒有乖乖待在教室？

辛蒂：媽，你又小題大作了，出事的又不是我。拜託，我不過想跟你談談而已，你就發表長篇大論。

再看看母親先求「知彼」時，情況有何不同：

辛蒂：媽，瑪姬今天被啦啦隊開除了。

母親：你是不是很替她難過？

辛蒂：是啊。錯又不在瑪姬，是她男朋友的錯，他真是個混蛋。

母親：你不喜歡她男朋友嗎？

辛蒂：當然不喜歡，那傢伙老是惹麻煩。瑪姬是個好女孩，都是他拖累瑪姬的，我真的好難過！

母親：你覺得他對瑪姬有負面影響，所以覺得痛心，因為瑪姬是你的好朋友。

辛蒂：我真希望她甩掉這傢伙，跟好一點的男生在一起，損友只會惹是生非。

第二次對話中，母親回應女兒時表現出了解的態度。她不刻意分享自己的經驗或想法，即使她可能有好的意見，也沒有急著評判、探詢、建議或詮釋。雖然未必同意女兒的說法，但並未跟她爭辯，只是傳達自己的了解。由於辛蒂不必說服母親，因此能發揮四項稟賦，自行找出問題的癥結。

不一定非得用言語、文字回應別人，才叫感同身受。了解他人的感受及言語裡的真正含意，才是同理心的重點；你不必非要摘取一段對方的話重述，甚至可以只用一個表情，就能表達你的了解。重點是，不要陷溺於回應的技巧中，而應設身處地，讓這份真摯的情感引領你。

你若以為技巧等於同理心，就會產生問題。人們會用模仿、重述，甚至帶點操縱或侮辱意味的方式，改變別人的措辭。練習回應的技巧固然不錯，甚至能提升了解的意願，不過別忘了，了解對方的誠意，才是讓對方坦露真心的關鍵。

知彼的意願主要源於尊重，如此，同理心式傾聽才不會淪為純粹的技巧。若缺乏真誠的知彼意願，對方會覺得你意在操縱，這時，對方便會有所保留。你往後所做的努力，即使出於真心，也會被解讀成另一種操控的形式。一旦你願意承認自己的真實動機，誠意正心便能取代操縱。口蜜腹劍、滿腦子詭計的人，在單純坦率的人面前，反而施展不開。

有時在真心了解後，你會感覺對方希望你進一步探詢，得到更多的看法與洞識。在這種情況下，你的探詢就不是為了操縱或發表議論，而是為了感同身受。當你覺得對方希望你提出問題時，不妨考慮以下措辭：

你在擔心什麼？

你真正在乎的是什麼？

你目前最迫切的需求是什麼？

在這種情況下，你會把什麼擺在優先？

如果這麼做，可能會產生什麼結果？

我覺得，你真正擔心的是……

如果我說得不對，請指正我，不過，我覺得……

如果我是你，我會覺得……

你的意思是……

在適當的情形下，上述說法都能展現知彼與設身處地的誠意。重點在於，你得先培養知彼的態度與意願，其次才講究技巧。

練習習慣五時，也許你會對一些許多人提過的問題與答案感到興趣。

（一）同理心永遠是適當的嗎？

沒錯！同理心一定是適當的，沒有例外。只不過有時回應、摘要及重述的做法並不適當，而且會侮辱到人，甚至會被解讀成操控。因此切記，真誠的知彼意願才是重點。

（二）對方若不肯坦白，該怎麼辦？

若你肯設身處地，總能讀出弦外之音。你會留心對方的肢體語言與表情、語調及話語前後的關聯；你會藉著「語言」以外的表現解讀對方的心意。因此，要有耐心。要是你覺得應該為自己的錯誤道歉或補償，請採取行動。

（三）除了重述、摘要和回應的技巧外，還有其他方式可以表現同理心嗎？

有時靜默不語就是設身處地；有時探詢或運用專業知識表達自己的理解，才能顯出同理心；有時你只需點個頭或說一句話，就能表達同理心。同理心是真誠、不帶操縱意味、富有彈性而謙卑的溝通過程。

下列方針或許對於回答這個問題有些幫助：

- 信任度愈高，不僅愈能在同理心式和自白式回應間穿梭自如，更能靈活運用回應與探詢。溝通時的氣氛，常是信賴程度的關鍵指標。
- 若信任度高，彼此便可坦承相告。但若你需要與對方重建信賴，或是因為彼此信任度不高，對方不願冒險，你就得更耐心的表現同理心。
- 如果你不確定自己是否了解對方，或者不確定對方是否自覺已被了解，不妨坦白告知，再試著溝通。
- 每個人都有許多不為人知的事。所以，學著聆聽別人的心裡話吧！換言之，專心留意對方的言外之意，用眼睛及「第三隻耳朵」——你的心靈——去體會對方的心意。
- 或許你能根據彼此關係的優劣，決定自己適合採取哪種回應方式。如果人們總是將別人的付出視為理所當然，總是比較善待陌生人，而非生命中最愛的人，這時問題就產生了。家庭需要我們不斷努力，勇於認錯、表達愛意與感激，以及珍惜家人。

- 了解事情的來龍去脈、環境及背景，以免對方曲解你所使用的技巧。有時你必須講得非常明白：「我會試著了解你的意思，不去評判、同意或反對。」

若能做到感同身受，你也會了解彼此的關係狀況。過去的關係若充斥著批判，也許現在你就得在同理心上多費點工夫，或是道歉並做更深層的溝通，還要隨時掌握機會表現理解，如此方能改善關係。

有一回，珊德拉和我為了兒子的功課傷透腦筋，這情形持續了好幾個星期。一天晚上，我們向他提議一起出外用餐。兒子答應了，還問有誰會去，我們說：「就我們，我們想好好跟你聚一聚。」結果，兒子說他不想去了。我們試圖說服他，拚命表現誠意，兒子還是不肯坦白。

那天晚餐快結束時，我們談到另一項跟課業無直接關係的事，結果又繞回功課這敏感的話題上，鬧得不歡而散。稍後我們跟兒子道歉，他說：「就是這樣，我才不想跟你們去吃飯！」他早知道自己會受到批判。我們花了好些時間才讓兒子重新敞開心扉。我們學到一個絕佳的教訓，就是：千萬別在餐桌上說教。

用餐時間或許是大夥兒百忙中唯一能與家人相聚的時刻，因此，人們會試圖在此時處理一些重要家庭事項，其實，這些事務可以留待其他更適合的時間來處理。若能用心維護愉悅的用餐氣氛，使家庭成員輕鬆享受彼此的陪伴，是值回票價的。當雙方關係良好、能真心了解彼此時，常能迅速而坦白的進行溝通，有效率的討論各個範疇的事。

在夏威夷休假的那一年，珊德拉和我做到了這點。雖然兩人不時會陷入舊有的窠臼，不過通常能很快跳脫出來，恢復溝通。很多時候，溝通的程度取決於當時的情感、議題的本質、個人的身心狀況，以及彼此關注的重點。培養同理心不若發展技巧那般容易，需要更多的內心修練，是一種由內而外的過程。

解己——培養自覺，忠實表達

「先求知彼」不是刻意教導或影響他人，而是指先傾聽、先求了解。但「知彼」實際上是影響他人的關鍵。當你能坦然接納別人的影響，便會發現自己對他人的影響也更大。

習慣五的「解己」，也就是讓對方了解自己。當你分享自己的世界觀、給予回饋、教導孩子，或是出於善意而與人對立時，都必須獲得對方的了解。當你做上述嘗試時，便不難看到「先求知彼」的另一個現實的理由了：你若真心了解對方，就可以用對方能懂的語言來談。一位婦女分享她的經驗：

有很長一段時間，我先生和我對家庭支出的意見總是相左。他會想買些我覺得沒有必要的奢侈品，我又很難說服他，眼見債台高築，我們卻還將收入用在愈滾愈多的利息與信用卡帳單上。

我決定設法改善。我試著聆聽並了解先生的想法，然後我才明白，原來有時他真的不了解自己的決定會導致什麼後果。因此當他說：「你知道嗎，買個……好像也挺不錯。」我就不再跟他吵了，只是淡淡的說：「不錯呀，那我們來看看如果把它買下來會怎麼樣。」然後祭出預算：「如果我們把錢花在這上頭，就沒錢做……」這時他通常會自己推出結論——最好還是別買。

其實，有時他想買某個東西是利多於弊的。例如他想買電腦，一開始我並不贊成，可是經過估算，我發現電腦能提高我們的收入，便了解自己的回應是出於過去的情緒，而非理性。

「了解」使這對夫妻能合力做出更好的決定。不過，請注意，這位女士是先了解先生的想法，才能更有效的獲得先生的了解。

給予回饋

有時，「解己」表示給其他家庭成員回饋，這並不容易，因為人們通常不想聽取與自我觀感相違背的回饋。每個人都有盲點，如果你真正愛一個人，就得忍一時之氣，以正面態度與尊重回應對方，給予回饋。以下五項要點也許會有些幫助：

（一）自問：「這回饋真能幫助他？還是僅僅滿足自己糾正他人的欲求？」若你心中不悅，此時或許並不適合給予回饋。

（二）先求知彼。了解對方重視什麼，想想如何藉著回饋幫助他完成目標。嘗試以對方的語言表達你的見解。

（三）將行為與個人區分開來，不做人身批判。我們可以批評行為、闡述自己的感受，但絕不能亂貼標籤，因為這麼做會傷害對方，破壞兩人的關係。與其說別人「懶惰」、「愚蠢」、「自私」、「霸道」，不如坦露自己對這些行為的觀察，以及我們對這些行為的感受與認知。

（四）若欲指出對方的盲點，必須特別小心，而且要有耐心。既是「盲」點，表示對方通常很難自我覺察。除非對方有心改善，否則，給予這類回饋很可能適得其反。

（五）以「我」為出發點來回饋。記住，給予回饋是在分享自己的認知與觀點，因此，應該這麼表達：「我覺得……」「這是我的感受。」「這是我觀察到的。」一旦開始用「你」來表達，如：「你真的很自我中心！」「你實在很會惹麻煩！」你便是在要求對方接受審判，彷彿對方本性如此，這麼做很容易令對方感到挫敗。以「你」為主的訊息是「由上對下」的，意指其中一人比另一人更優越或更有價值。

記得有一段時間，珊德拉和我覺得兒子似乎變得很自私，兩人頗為擔心。後來我告訴自己要痛下針砭。自私並非兒子的本性，他其實是很仁慈、很善良的，只是他必須明瞭自己的行為給了我們什麼感覺。

當時我們全家到湖濱度假，我邀兒子一起騎協力車去遊湖。遊湖近尾聲時，我終於說了：「兒子啊，我之所以想跟你獨處，是因為你媽和我有點擔心你，你不介意我跟你談談吧？」他說：「當然不會，老爸。」

因此，我跟兒子分享我們的感受，兒子並沒有不悅，因為我只談我們的看法：「我們擔心……，我們覺得……」我可沒指責他：「你實在太自私了，全家人被你搞得烏煙瘴氣。」此外，我還跟他談到對他本性的看法，兒子的反應非常的正面，他說：「老爸，我自己也看出來了，我想我是太注重自己了，那樣並不好。」之後，他也跟母親及其他家人坦承自己的缺失，然後開始努力改善。

在人際溝通裡，自覺及表達自覺的勇氣是很重要的。人們無法察覺自己的感受時，是「內在不和諧」的，於是往往會不自覺的將自身的動機投射到他人身上。而當人們內在和諧（也就是能覺察自身的感受），卻予以否定，並意圖透過其他方式表達自己時，這種「外在的不和諧」通常導致欠缺誠意、裝腔作勢，甚至偽善。這兩種不和諧都會破壞聆聽彼此的能力，因此，你必須提升自覺，並培養忠實表達感受的勇氣。

即使是對立，只要是出於關心也無妨。培養堅實深厚的關係，關鍵在於能否坦誠相待，既不屈從於對方、也不放棄對方。這需要時間與耐性，更需要極大的勇氣與技巧，有時候甚至不能太留情。偶爾，我們會故意來個當頭棒喝，喚醒對方的自覺，接著才展現更多的愛意。回饋時請切記一點，關係的好壞，決定了兩人之間的溝通程度。以「我」為出發點的訊息能夠增進兩人的信賴度，用這類訊息來做正面回饋的伏筆時，更會令對方感到備受肯定。

記得有一回，我在路上耗了一整天，飛行幾百英里，穿過擁擠的機場，一路飽受塞車之苦，晚上抵家時，早已全身虛脫。我一進門，兒子便迎了上來。他整天都在清理工作間——搬東西、清理工作間、扔垃圾。他還很小，不過已能按照我的指導，判斷什麼該丟、什麼不該丟。

當我到房裡一看，第一眼的反應相當負面：「你為什麼不做這個？不做那個？」我永遠忘不了那時兒子眼裡消失的光芒。他原本為自己的成就興奮不已，迫不及待等著我讚賞。看到兒子黯淡的眼神，我馬上意識到自己錯了。我試著道歉、解釋、讚賞，表達我的愛及對他的感激，可是他的眼神依然整晚黯淡。

從此我學到一個教訓：別人盡力而為時，能否符合你的標準並不重要，此時應對他們表示讚賞與感激，不要給予負面的回饋。即使你有一百個理由，即使你本著協助對方改善的好意，也請爾後在對方能夠接受時，再提出建設性的回饋。此時此地，請讚賞對方的努力，稱讚他所付出的心血、他的價值。在鼓勵、感激、肯定的過程中，你並不會犧牲自己的真誠，只是把焦點擺在比高標準更重要的事項上罷了。

風氣的培養

在家中培育「知彼解己」這種風氣的方法有幾種。例如：發生歧見或爭執時，除非能夠闡述對方觀點直至對方滿意，否則不准表達自己的意見。這項基本規定有助於創造同理心式傾聽的風氣。如果你意識到雙方只是存心吵架，不妨先祭出規定，雖說這麼做可能會使步調變慢，可是長遠來看，實則省下十倍的時間、精力。

我們還得讓所有家庭成員明白，在家庭會議或一對多的情形中，自己一定有機會「冤情昭雪」。我們在家庭會議中發展出一套解決問題的流程，由提出問題或心存疑慮的人負責帶領家人開會。我們在冰箱上貼一張紙，若有誰想談事情，只需在紙上寫下事項和簽名；這幫我們擬出家庭會議的討論內容，填下項目的人，會負責帶領大家解決問題或處理相關事宜。

我們發現，若家中風氣基本上對先發言、先行動的人較為有利，其他人便會覺得自己「永無昭雪之日」，於是心事便會漸漸擱在心裡，進而不再表達。爾後再以更醜惡的方式展現，例如反應過度的評語、憤怒、言語或肢體暴力、精神疾病、冷漠……。可是，人們若知道他們有機會獲得別人的聆聽，並處理他人的回應，心情便會獲得紓解，不至於因煩躁而反應過度，這樣就能化解負面的力量，協助人們培養耐性與自制力。

這是習慣五最大的優點之一，若你能培養一種家庭風氣，讓知彼解己成為主要的應對方式，將能消除許多愚昧而衝動的反應。不過，確定別人聽到你說的話、也了解你了，才是「解己」真正的意義。

了解孩童的發展階段

另一項可以將習慣五運用在家中的是覺察孩子的「年齡和階段」，了解他的觀感。成長是循序漸進的，有些事情就是得一步步來，心理的領域亦是如此。因此，了解心智、情感及心靈的發展階段，並認知到我們不可以揠苗助長、違反或省略這個流程，是極其重要的。如果我們未能了解孩子的發展，不能用他們的方式與他們溝通，往往會對孩子抱持不合理的期望，因而受挫。

記得有一回，小兒子把衣服全堆在房間地板上，我為此罵他：「你在做什麼？你會把衣服弄髒弄皺啊！」兒子沒反駁，也沒頂嘴，他同意我的話，我甚至可以感到他想照我的話做，可是，之後好幾天他依舊把衣服扔在地上。

有一天我終於想通了，他還是個小孩，也許他只是不懂得怎麼掛衣服。因此，我花了半小時訓練他。兒子學得不亦樂乎。訓練結束後，我們甚至把所有衣服從衣櫥裡拿出來，重新掛一次，父子倆和樂融融，兒子也學了一課，現在已能「獨立作業」了。

幾年後，小兒子步入青少年期，又出現類似的問題，不過，這回問題的根本不在於能力，而出在動機。我發現，若希望孩子在家中完成某項任務，反問自己下列三項問題，還滿有用的：

孩子「該不該」做這件事？（價值問題）

孩子「能不能」做這件事？（能力問題）

孩子「想不想」做這件事？（動機問題）

回答上述問題後，我們才知道如何將精力花在刀口上。如果是「價值問題」，解決方式通常有賴於建立彼此間的信賴度以及教育；若是「能力問題」，通常訓練便能解決。教育與訓練有點差異：教育是一種「提升」，會提供更深入、更適當的解釋，提升「這是我應該做的」的感覺；訓練則是「輸入」，是將完成事情所需的知識灌輸給孩子。

教育與訓練都很重要，該用何者端視問題的本質而定。若是「價值問題」（例如：「我該做分內的家事，還是跟朋友去派對？」），關鍵取決於家庭關係的品質、特質與家庭文化。若是「動機問題」，解決之道通常是藉由外在、內在或內外兼施的方式，強化家庭所期望的行為。你必須以習慣五「知彼解己」來判斷問題的本質。

多年來，珊德拉對孩童發展階段的了解，為我們家帶來了無窮的啟迪與智慧。珊德拉是兒童發展學學士，一輩子都在這上頭鑽研，因此深諳聆聽自己心聲以及了解孩童發展階段的重要性。

珊德拉：

有一天我在雜貨店裡，看到一名年輕的母親試著安撫她年幼的孩子，跟他講理，可是孩子卻完全失控——搖頭、尖叫、哭泣、大吵大鬧，在一旁的母親感到尷尬萬分而且挫敗。同樣身為母親的我非常同情她。

我想將心中閃過的念頭告訴她：用平常心看待，別鼓勵這種行為，別讓孩子得寸進尺，這麼小的孩子還不懂處理複雜的情緒，只能藉著發怒來宣洩，有過幾次這種經驗後，你會明白，孩子之所以有這種舉止，部分原因是他們正處於某個成長階段。

每個孩子都是獨特的，但所有孩童似乎又遵循了相仿的道路。隨著長大成熟，他們漸漸在遊戲中跟人互動。此外，孩子得先感受到所有權，才懂得與他人分享；先要能爬才能走；先要了解才會說話。因此對大人來說，留意、判讀，並學習覺察孩子及其同儕的成長模式與發展階段，相當重要。

了解這些之後，當兩歲的孩子推開你、跟你頂嘴時，你便不會意氣用事了。當四歲的孩子罵髒話、口出驚人之語，意圖吸引你注意時，你也不會反應過度。當他一會兒看起來自信能幹、一會兒又哭又鬧時，你也能安之若素。你不會把孩子的年幼當作藉口，因而原諒他們不負責任的行為，或者因為孩子的行為給他們亂貼標籤。

每個家庭都應試著運用最廣的知識、洞識與直覺，學習了解並解決家庭問題，或自制、暫停一下，然後再採取回應。

習慣五的關鍵在於先後次序，而非僅僅「做什麼」，原因與時機也相當重要。習慣五協助我們由衷的聆聽與表達，也開啟了家庭統合綜效的大門。

起步的建議——成年人、青少年篇

（一）一起討論：了解每位家人，想想設身處地為他們著想有多麼重要。我們對家人的認識究竟有多深？我們是否知道他們的壓力、自我觀感、期望？如何深入了解家人？

（二）問家人：他們是否明白「誤解」對家庭的影響？討論如何才能讓每個人都有表露心聲的機會。

（三）反省家中的溝通方式，討論四個典型的自我回應：評估、建議、探詢及詮釋，並一起練習了解式回應。

（四）重溫「知彼」的內容，討論「知彼」為何是解己的基本條件？它如何讓我們使用對方的語言，做更佳的溝通？

（五）與家人一起思索：如何在家中培養習慣五的「了解文化」？

起步的建議——兒童篇

（一）與孩子探討事情通常有諸多面向的看法，說明每個人對事物的體驗往往不同，鼓勵孩子分享任何受到曲解的經驗。

（二）準備各式食物，供每個人品嘗，然後比較孩子們的反應。把各人的反應比喻為個人對生活的不同體驗。向孩子說明，了解別人與自己的不同見解有多重要。

（三）邀別人到家中分享他們的經驗。討論如何從傾聽與了解他人的過程中受惠。

（四）教導孩子用耳朵傾聽，也以眼睛、心智與心靈來聆聽。

（五）讓孩子表演某種情緒，如憤怒、悲傷、快樂或失望，然後讓其他家人猜測他們的感受。告訴孩子，要懂得察言觀色，才能更了解別人。

6

習慣六

統合綜效

Synergize

閱讀下面這段故事時，不妨想想，如果主角換做是你，你會如何應對。

兒子練了一個禮拜的球後，告訴我他想退出高中棒球隊。我告訴他，要是他這麼做，只怕這輩子他做什麼都會半途而廢。我還告訴他，他幾位哥哥也都當過球員，球隊的磨練與團隊合作使他們受惠良多。兒子似乎完全聽不進去，他哽咽的說：「爸，我不是哥哥，球又打得不好，除了棒球，我還有別的興趣啊！」我氣得拂袖而去。

接下來的兩天，每每思及兒子的決定，就令我氣結。

我試著跟他談了幾次，他就是不聽。我開始對他決定退隊感到疑慮，並立誓要找出癥結所在。兒子剛開始不想多談，我只好問些無關緊要的事，過了好一會兒，他紅著眼眶說：「爸，你以為你很了解我，其實你不懂，沒有人知道我覺得自己有多沒用。」我說：「那種感覺很不好受，是不是？」「是啊！有時我甚至不知道到底該怎麼做。」接著，他說了許多以前我不知道的事。

他說別人老拿他跟哥哥比較，令他苦不堪言，連教練也期望他的球技跟哥哥一樣好。他覺得，自己若能走出一條全新的路，便能終止這種無謂的比較。他還說我對哥哥偏心，因為哥哥們讓我顏面有光。兒子的不安幾乎涵括生活所有層面，他覺得我跟他之間已經有了代溝。

我感到汗顏、懊悔，誠懇的向兒子道歉。但我也告訴他，我依然認為打球對他有益，只要他願意打球，家人跟我會傾力相助。兒子耐心聽我訴說，卻依然不肯打消退隊的決定。他說他愛棒球，卻討厭高中校隊附加的壓力，又說他真正想做的是為教會球隊打球，純粹享受打球的樂趣。我發覺兒子的話不無道理，雖然他不想參加校隊令我有些失望，但我慶幸他至少還願意打球。

他開始告訴我教會球隊的種種，我邊聽邊感受他的熱情與興味，我問他教會球隊何時比賽，表示自己也想參加，兒子說他不太確定，隨即補上一句：「不過我們需要一名教練，否則也許連比賽都比不成了。」

這時我們倆竟然幾乎異口同聲的說：「我／你可以來當教練啊！」

指導兒子參加的球隊，想必十分有趣，我的心情頓時變得開朗無比。接下來幾個星期，我經歷了一些刻骨銘心的經驗。我們的球隊賽球純屬興趣，雖然也想贏球，不過大家都沒什麼壓力。而我那個憎恨被高中教練指著鼻子吼的兒子每聽我喊道：「打得好，兒子！漂亮！傳得好！」便一臉燦然。那年的球季改變了我們的關係。

這個故事掌握了習慣六「統合綜效」的精華，也抓住了習慣四、習慣五及習慣六的重點。注意這對父子最初如何陷於損人利己的僵局，父親出於善意，希望兒子繼續打球，但兒子卻抱持異議，認為高中球隊對自己有害無益。而且別人老是拿他與哥哥相比，他憎惡這種壓力。看來結果只能兩者取一，總有一方要屈服。可是父親心念一轉，試著了解兒子的理由，終能深入討論問題，齊心擬出更好的辦法，找到雙贏的新策略。統合綜效的重點就在這裡。

統合綜效——所有習慣之大成

統合綜效是前述所有習慣之大成，是一加一等於三、甚或更多。由於人際關係本身也是互動中的一項因素，所以才會發生統合綜效；統合綜效是一種活潑而富感染力的力量，能影響人際的互動。統合綜效源於相互尊重（雙贏）及了解，能演繹出非妥協、非折衷的新事物，創造第三種全新選擇。

不妨把這層人際關係視為「第三者」。婚姻中的「我們」不再局限於兩人，因為兩人的關係創生了「第三者」；與親子間的關係亦然。家庭關係所創造的另一個「人」，便是家庭文化的本質，這本質蘊含了家庭所著眼的目標，以及以原則為重心的價值體系。

在統合綜效的關係中，家人不僅可以坦承自身的不足，創造共通的願景、價值以及新的解決方法與選擇，更能為集思廣益的標準與價值負起責任，在家庭中注入道德或倫理權威。於是，統合綜效的「第三者」成為更高的權威，它是一種將集體良知、共同願景和價值，以及社會習俗和文化標準具體化的東西；它使人堅守倫理。若悖逆權威，自行其是，人會變得疏離自私，家庭文化將由互賴轉為獨立，統合綜效的魔力也將隨之消散。文化中的道德權威才是關鍵所繫，每個人都有一份責任。

因為未來渺不可測，有時統合綜效的創造過程幾近混亂。在邁向未知的途中，使命創造了某種全新的東西，建構出人際關係與能量。因此，你只是在前途未卜、知道結果會比現況更好的情形下投入——統合綜效是場探險。

所以，頭三個習慣相當重要，因為它們能培養心理的安全感，使人凝聚冒險的勇氣。擁有充沛的自信，人們才會懂得謙虛；擁有堅強的安全感，人們才禁得起受傷。信心與安全感能使人虛懷若谷、彼此借鏡，在交換意見的過程中，釋放出創造的能量。

在人際關係中，協力創造能帶來最強烈、最緊繫的感情。習慣四及習慣五提供了共同創造的心理準備與技巧，你必須抱持雙贏的思維，先求知彼，後求解己。也就是說，你必須學習創造第三種心態及第三個選擇，出於誠摯的尊重與同理心，聆聽他人的心聲。雙方要先能坦誠接納影響與教誨，才能激盪出始料未及的選擇。人際的互賴要達到這等境界，有賴於兩個獨立的人對環境、爭論、事件、問題或需求的互賴本質深入了解，進而激發統合綜效。

稱許歧異——統合綜效的關鍵

激發統合綜效的關鍵在於學習珍惜，甚至稱許彼此的歧異。有一天，我在佛羅里達舉行一場名為「左腦管理，右腦領導」的研討會。有位聽眾說：

外子跟我思考模式迥異。我講究邏輯條理，傾向用「左腦」；他講求整體，是「右腦」傾向。剛結婚時，這種差異造成我們溝通上的困難。他似乎只看大體，會尋求新的選擇和可能，若自認找到更好的方法，便會立即變卦。我則相反，精準而貫徹始終，一旦設定明確的方向，便會執行到底。

當我們兩人一起做決定時，問題就來了。

從購物到管教小孩，無一不是問題。有一陣子，我們試著採取區分責任的方法，例如，預算方面由他負責長程計劃，我負責記帳。結果效果還不錯，因為兩人都能運用自己的長處。

但是我們發現，若能利用彼此的差異統合綜效，關係更能提升至新境界。我們可以藉由聆聽對方的見解，開啟嶄新的觀點，合力解決問題。統合綜效為我們開創了各種新的解決之道，共同參與更多美妙的事物。當我們終於明白彼此的差異只是整體的一環後，便開始探索各種新的互動模式。我們用全新的層次貢獻己力，兩人反而因為彼此間有差異，變得更加契合。

在此例中，二者的歧異為兩人帶來另一層面的契合與富足。因為他們學習珍惜彼此的分歧，並運用它創造新的事物；集兩人之大成，遠勝於單打獨鬥。

我們曾談到，個人的特殊性與歧異，便是統合綜效的基礎。在家中，你不能僅僅被動的接受歧異，還要讓家庭能夠包容異己。你必須稱許歧異，並由衷同意：「我們的觀點雖分歧，這對彼此的關係卻是一大利基。」如此才能達成奇妙的統合綜效。

記得有一次我已經兩、三天沒跟孩子好好說話了，心裡不免有些罪惡感，但我一有罪惡感，就會慣著孩子。由於我經常不在家，珊德拉只得兼扮嚴父，以調和我對孩子的縱容。她的強硬態度使我變得更加溫和，反倒讓她愈發嚴厲。

一天晚上我抵達家門後，走到樓梯口喊道：「孩子們，你們都還好吧？」年紀較小的兒子跑到大廳看看我，回頭對哥哥喊：「嘿，西恩，不錯哦。」（意思是：「老爸心情不錯哦！」）

我當時不知道這些小鬼是被罵上床的。在我到家之前，他們用盡藉口繼續玩鬧，不肯上床，直到珊德拉耐性盡失、破口大罵：「統統給我上床，否則要你們好看！」因此，當他們看到老爸的車燈掃過窗口，便燃起一線希望，心想，如果老爸心情很好，就可以起來再玩一會兒。

我進門後，開始跟孩子在客廳裡大玩特玩。接著，珊德拉出現了，她懊惱的吼道：「小鬼們還沒睡嗎？」我說：「唉呀，我這陣子很少看到他們，想跟他們玩一會兒嘛。」不用說，珊德拉對我很有意見，於是兩人便當著兒子的面吵開了。

之所以發生這種狀況，問題出在我們未針對這件事集思廣益，找出皆大歡喜的辦法，我執著於自己的情緒與感覺，而失了原則。另一個問題是，「就寢時間的設定究竟有多重要？」我們並未當場解決這個問題，不過後來經過討論決定，就寢時間的設定在我們家沒那麼重要，當孩子步入青春期後，尤其如此。許多家庭認為正常的就寢時間，卻正是我們家的歡樂時刻。我們家所以能找到解決之道，就是因為集思廣益、接納每個人的意願。

有時包容異己、欣賞他人的獨特性是很難的。一般人往往想將別人塑成自己希望的樣子，聽取異議常使人不安。我們希望他人用我們的思維來思考，並且配合我們的觀點。可是，沒有差異，何來集思？更不會有創造新選擇的機會。

多年來，珊德拉和我了解，我們的歧異是婚姻中的一大優點。

就整體而言，我們雖有共通的承諾、價值觀，但整體之中仍蘊含著極大的歧異。我們非常喜歡這樣！至少大部分時間如此。我們依賴彼此的歧異，以做出更明智的決定；我們依賴對方彌補自己的不足，藉著對方的獨特性，為彼此的關係增添情趣。

辛希雅（女兒）：

若想聽取建議，你就去找爸，他會給你意見。他會說：「我會如何如何。」把一切講清楚。可是有時候你並不想聽建議，只希望有人肯定：「你才是最好、最棒的，是他們有眼無珠。」你只希望有個死忠支持你的人，這時你就去找媽。事實上，媽媽實在是太死忠了，她會打電話給惹我生氣的人，罵人家：「你幹嘛對我女兒這麼凶？」「你為什麼不約我女兒出去？」或是「你為什麼選別人當啦啦隊員？」

媽未必認為我們比別人家的孩子強，只是她無時無刻不惦著我們，這點我們很能感受。知道有人那麼相信自己，感覺很好。她在我們心中種下這樣的信念：「你可以做任何事。只要堅持，你一定會完成自己的目標。」我的父母就這樣分別把他們最大的優點傳給了我們。

付諸行動

統合綜效不僅是團隊合作，還是「創造性的」團隊合作，它能廣納歧見，激發空前的新事物。「第三種選擇」就是同理心式傾聽、勇敢的表白與新的洞見所創造出來的。

現在你可以應用習慣四、習慣五及習慣六，為家庭問題創造第三種解決之道。以下是一則生活實例，請你運用四項稟賦，看看自己如何解決。我會不時提出一些問題，你可以使用暫停按鈕，審慎思索四項稟賦的應用及做法。建議你在繼續往下閱讀之前，先慢慢深思，回答每個問題。

我先生收入不多，不過，我們仍買下一棟小小的房子。能夠擁有自己的家，實在很令人開心。遷入新家後，我們覺得舊沙發使客廳看來過於簡陋，雖然阮囊羞澀，還是決定買套新沙發，於是便開車到附近的家具店逛逛。我們見到一組美麗的早期美式沙發，然而，就連最便宜的價錢，也比我們的預算高出兩倍。我們問店員，現金不夠怎麼辦，他表示沒問題，可以兩個月後再付款，於是外子說：「好，那我們就買下了。」（暫停：假設你是那位太太，會怎麼做？請運用你的自覺及良知。）

但我告訴售貨員，我們還要考慮考慮。（注意這位女士如何使用習慣一「主動積極」，創造暫停時間。）

我先生說：「還考慮什麼？我們現在就需要沙發，反正以後再付帳就行了。」可是我跟店員表示想再逛逛，待會兒再回來。當我拉著老公的手離開時，他顯然不太開心。我們走到小公園，坐在長椅上。離開家具店後，他一句話也不吭。（暫停：用你的自覺與良知，想想如何處理這種景況。）

我決定聽聽他的感受，了解他的想法。（注意習慣四「雙贏思維」與習慣五「知彼解己」的使用。）

外子告訴我，他覺得每次家裡有客人來，一看到那套舊沙發，就令他很尷尬。他說自己明明工作勤奮，卻賺不了大錢，常自覺是個失敗的人；買套新沙發，至少可以表示他混得不差。外子的話深深觸動了我，可是，接著我問他願不願意聽聽我的想法，他點點頭。（注意「知彼解己」的運用。）

我告訴他，自己十分以他為榮。接著我表示，自己夜裡常因擔心入不敷出而輾轉難眠，要是這時又買下沙發，兩個月後還是得開始付錢，而我們是應付不來的。

他說他也知道我的話不假，只是想到自己無法像其他人那般闊綽，便非常難過。（暫停，使用你的想像力，你能想出第三種解決方法嗎？）

後來，我們談到如何只花小錢，把起居室裝潢得更迷人。（注意習慣六「統合綜效」開始發酵。）

我提到舊貨店可能有我們負擔得起的沙發，他大笑道：「搞不好他們店裡的沙發比剛才的早期美式沙發還舊哩！」我握住他的手，凝視良久。我們決定到舊貨店逛逛，結果發現一套木製沙發，椅墊破得都能摘下來了，但是我覺得，挑塊與房間色調搭配的布料做新的布套，應該不難。於是我們花了筆小錢將沙發買下。（注意「良知」與「自主意志」的運用。）

接下來的一個星期，外子將木頭椅架重新整修過。三週後，我們有了一套可愛的沙發。在往後的日子裡，我們會手牽手，坐在沙發上談心——這套沙發是我們經濟復甦的象徵。（注意最後的結果。）

讀這段故事的過程中，你是否想出什麼解決方法？你用自己的稟賦而擬出的辦法，或許比這對夫妻的解決方式更適合你。無論你的解決方案是什麼，想想統合綜效對自己和這對夫妻的生活所造成的改變。當他們培養自己的專才，共創美好事物時，生活是不是變得更有價值了？

家庭的免疫系統

創意橫生、樂趣無窮、幽默多樣，懂得尊重個人及個別興趣的統合綜效，是美好家庭文化的最高表現。統合綜效釋放出巨大的能量，激發新的想法，使家人得以做多面向的結合，也因共同的創造而產生極大的親密感。

我們不妨將習慣四、習慣五及習慣六培養而成的「家庭文化」，比喻為身體的免疫系統。家庭文化決定了家庭處理各項挑戰的能力，使家人在犯錯或遭遇突發的挑戰時，能加以調適、超越，並善加利用學習，使家庭更為堅韌。

有了這道免疫系統，你會對「災厄」抱持不同的見解。災難成了刺激抗體活動的疫苗，使你永遠不再發病。你可以一概將家庭問題視為「疫苗」，雖然這些問題不免造成一些痛苦甚至傷害，但也能刺激免疫反應，培育戰鬥力。將困厄轉化為激發家庭創意、統合綜效，以及處理日後挑戰的成長經驗。如此，你將能從新的角度切入，看待事情；這種做法能為自己及整體家庭文化帶來力量。

一、兩個問題不至於毀滅家庭，但是家庭免疫系統一旦失效，例如缺乏有效的組織流程、無法將家庭所立基的原則或自然法則納入日常程序及生活模式中，家庭的崩解將迫在眼前。健康的免疫系統能保護你不受家庭生活四大「癌症」——批評、抱怨、比較與競爭的殘害。若無健康的家庭免疫系統，癌症的削蝕力量將會在家中蔓延。

讓我更了解你！

飛機的比喻是看待習慣四、習慣五及習慣六的另一種方式。本書一開始就談到，十之八九的家庭都是偏離航道的，不過，我們可以利用回饋來返回正軌。「家庭」就是對生命的學習；回饋是學習的一環；而問題與挑戰會給你回饋。一旦你們發覺必須「主動」回應每項問題，學習就開始了。你們會成為學習型家庭，會歡迎各種能測試家庭協同能力、使家庭更有效能的挑戰。

你們必須揚棄埋怨與指責，跳脫批評、抱怨、比較與競爭，抱持雙贏思維，尋求知彼與解己，並集思廣益，才能做到一同學習。否則頂多達到令人接受的程度，但未能盡情發揮；僅能合作，卻了無創意；只知妥協，但無法達到統合綜效。

你必須體現「主動積極」的習慣。當你和配偶買車時意見相左、當兩歲大的孩子出門想穿桃色褲子搭配豔橘色上衣、當十幾歲的孩子想半夜三點才回家、當岳母想幫你重新布置房子……，這時你的確需要一點勇氣才能擁有雙贏思維。

有了勇氣，你才能在自以為了解別人（其實你通常不懂）、自以為對問題握有完美的答案（通常沒有），以及時間緊迫之時，願意先試著了解對方。稱許歧異、尋求第三種可能的解決方法，以及與家人共開統合綜效的風氣，在在都需要勇氣。

因此，「主動積極」的態度是基本的，唯有培養依據原則的行動能力、唯有了解家庭的重要並以家庭為優先考量時，才能創造出有力的統合綜效。

一位父親分享他的經驗：

我一邊思索習慣四、習慣五及習慣六，一邊努力在家中培養這些風氣，並漸漸意識到自己必須改善跟七歲的女兒黛比的關係。黛比很情緒化，事情不順她的意時，她便會躲回房裡哭，無論我跟內人怎麼做，都無法安撫她。這令我們氣餒極了，我們常要她：「別再鬧了！不准再哭！回房間去，不哭了才出來！」然而這種負面回饋使她更變本加厲。

不過有一天，我心中掠過一道靈光。我突然了解，黛比的多愁善感實際上是項特殊的稟賦，這會是她一生中的重大資產與力量。我常看她對朋友表現極大的熱情，總是把大家照顧得妥妥貼貼。她心地善良，時時對人表現關愛，不鬧情緒時，黛比就像家中的暖陽。我了解，如果我繼續給她負面批評，極可能會扼殺她這項稟賦。她的問題在於不懂得如何處理自己的情緒，她需要有人信任，並輔導她解決問題。

所以，後來黛比又失控時，我就只是等著她靜下心來，陪她討論如何解決問題，並擬出皆大歡喜的辦法。我刻意提供一些統合綜效的正面經驗，結果雖然仍難免衝突，但我們發現，黛比更肯合作、更願意解決問題了。

由於對女兒性情的洞見，這位父親懂得珍惜女兒的獨特性格，並主動協助。另外請注意，即使是小孩子，也可以學習並練習習慣四、習慣五與習慣六。

周遭環境、問題的本質、對特定目標或願景的處理能力，以及身心的疲累程度和意志力等，都在在左右你在統合綜效中的積極度。可是，你若能釐清所有因素，並珍惜彼此的歧異，將會得到令人訝異的力量與智慧。

實踐習慣二「以終為始」也有其必要。因為這是一種帶頭的工作，有了使命，才能使各種意見產生一致的意義。你必須擁有目的地，才能明白回饋的真諦，察覺自己是否脫離了航道。

習慣三「要事第一」的實踐同樣不可或缺。因為一對一的談心能使家人真誠互動，每週的家庭時間更提供了統合綜效式的互動討論。這些習慣緊密交織，相輔相成，創造我們所說的美好家庭文化。

讓當事人參與解決過程

以下這個簡單的觀念，是另一種表達習慣四、習慣五與習慣六的方式——讓當事人參與問題的解決。

幾年前，我們家有過這類的經驗。珊德拉和我訂下規矩，限制孩子看電視的時數，可是執行成效不彰，經常朝令夕改。我們實在疲於跟孩子討價還價，於是，看電視成了一種鬥爭，偶爾還會挑起家人的負面反應。

雖然珊德拉和我對問題的看法雷同，卻缺乏一致的解決方式。我希望大權一攬，直接把家裡的電視扔掉！因為這種誇張的做法頗能表達我們的觀感。不過珊德拉希望孩子採取自律的方式，不希望他們覺得吃虧進而抗拒這樣的決定。後來我們倆集思廣益，發現這樣做其實是在為孩子做決定，我們應該輔導他們自己解決才是。於是，我們決定將習慣四、習慣五與習慣六運用到大家身上。

接下來的家庭之夜，我們提出「看多久電視才夠？」所有人立刻聚精會神，因為這是每個人的切身問題。

一個兒子說：「電視到底哪裡不好？有很多好節目啊，而且我也沒耽誤功課。事實上，我可以邊看電視邊做功課。我成績很好，其他人也是，到底有什麼問題？」女兒也說：「如果怕電視帶壞我們，那就錯了。我們平常又不看爛節目，看到不好的節目時，也通常會轉台。何況你們覺得駭人聽聞的事，對我們來說也許沒那麼嚴重。」另一個孩子附和：「如果不看某些節目，我們就沒法跟別人相處了。所有小朋友都在看這些節目，大家甚至每天都會在學校裡談論。這些節目幫助我們了解世界，我們才不會被人家騙呢！」

珊德拉和我保持沉默，孩子們都覺得應該維持原先看電視的習慣，不要做任何劇烈變動，他們真的很清楚自己對電視的感受。終於，等他們發表得差不多了，我們說：「現在看看爸媽是不是真的了解你們剛才的話。」

我們重述了剛才聽到的話，然後問道：「你們覺得爸媽真的了解你們的想法了嗎？」眾人點頭稱是。

「現在希望你們也能了解我們的想法。」我說。

他們的反應倒不怎麼「理想」，「你們還不是想說別人如何批評電視！」「你們想拔掉插頭，把我們紓解課業壓力的唯一管道奪走！」我和珊德拉聆聽著，並試著設身處地。

「事實上，」我們告訴孩子：「等大家一起念完這些文章，爸媽就離開房間，讓你們自己決定爸媽應該如何處理這件事。」

「你們在開玩笑！」他們大叫：「如果我們的決定跟你們的預期不同呢？」

「我們會尊重你們的決定，」我說：「不過，你們的看法要一致才行。」從他們的表情看來，顯然同意這個點子。

於是大夥一起將我們準備的兩篇文章念過一遍，孩子們意識到這些文章攸關他們的決定，因此個個凝神聆聽。其中一篇指出，一歲到十八歲的人平均每天看六小時電視，若家中裝設有線電視，每天看電視的時間則提高到八小時，等到年輕一代的美國人從學校畢業時，他們在學校花費了一萬三千個小時，卻在電視機前消磨掉一萬六千小時，這期間，他們會在電視上看到兩萬四千起殺戮事件。我們告訴孩子，父母會對這些事感到憂心。

有些人宣稱，電視與行為的關聯性欠缺科學證明，可是有段話又證明，二十秒的廣告能強烈左右觀眾的行為。我們指出兩者之間的矛盾，然後說：「想想看，你看電視節目與廣告時，感覺有何不同？看到一個三十至六十秒的廣告時，你知道那是廣告，對所見所聞會有疑慮與戒心，因為廣告是誇張的。可是，你在看節目時是不會有戒心的，甚至會不加思索，一股腦的吸收。所以，你能想像對於毫不設防的我們，電視節目會產生什麼作用嗎？」一位作者談到父母不為孩子把關，讓電視成為孩子「保母」的後果。電視對孩子默默造成了許多傷害，灌輸難以扭轉的謬思。一份美國官方研究發現，每天看電視逾四小時的人，抽菸及懶散的程度比每天看電視不及一小時的人高出兩倍。

討論完看電視時間太長的後遺症後，我們轉而討論改變習慣可能帶來的好處。

我們引用的文章指出，減少看電視的時間，會使家庭騰出更多時間溝通。一位人士表示：「以往我們只在爸爸上班前見他一面。他回家後，會跟我們一起看電視，接下來就是『爸爸，晚安。』了，現在我們則經常聊天，變得好親近。」研究資料顯示，每天看電視時間限制在兩個小時內、並慎選節目的家庭，家庭關係往往出現以下明顯改善：

（一）家庭裡會教導並強調價值體系的設立，成員之間能一起學習建立價值觀。
（二）親子關係改善。
（三）有更充裕的時間完成課業。
（四）談心時間劇增。
（五）孩子恢復活潑的想像力。
（六）每個家庭成員會慎選並評估節目。
（七）父母再度成為家庭領導者。
（八）良好的閱讀習慣也許會取代看電視的習慣。

分享這些資訊後，珊德拉與我起身離開房間。約莫一小時後，孩子請我們回去聽決定。事後，女兒將這期間發生的事，一五一十的告訴我們。

她說我們離開後，大家立刻指派她當主席。他們知道女兒提倡看電視，所以期望能速戰速決。一開始的討論十分混亂，大夥全想盡快表達自己的觀點，做出開明的決定（也就是說，稍稍削減看電視的時間了事），為了讓父母大人滿意，有人建議，大家保證以後會自動做家事、寫功課。

可是我們的大兒子發言了，他說，那些文章令他印象深刻，大家於是轉頭聽他的意見。他說，電視確實灌輸了一些他並不想要的觀念，如果少看點電視，應該不錯。他還說，他覺得弟弟妹妹對一些事情的觀點，已經跟他自己小時候的看法有段落差。接著，一名年紀較小的孩子說話了。他說自己曾看過一個節目，害他上床時還怕得要命。此時氣氛丕變，變得十分嚴肅。

討論繼續著，新的見解也逐漸浮上檯面，他們開始有了不同的想法。

「我覺得，我們電視看太多了，可是有些節目真的很棒，我真的很想看。」

「有時候我根本不看電視，可是其他日子，又會想看很多節目。」

因此，他們覺得以每週看電視的總時數做統計，要比以單天計算更恰當。最後，他們一致同意，一週七小時恰恰好，還要這個電視迷主席保證執行這項決定。這個決議扭轉了我們的家庭生活。家人間開始有了更頻繁的互動，閱讀量也大增。如今除了新聞、偶爾看看電影或運動比賽的節目之外，我們幾乎不看電視。

透過讓孩子參與問題的解決，可以一同找尋解決之道。由於決定方法的是孩子，因此他們必會身體力行，不用大人一再提醒。此外，藉著分享資訊，大家才能超越「我們的方法」或「他們的方式」，深入問題所牽涉的原則，並運用所有參與者的集體良知，協助孩子了解：雙贏的決定比大家一時的快樂更為重要。這是忠於原則的表現，因為就長期而言，悖離原則的解決方法對大家都沒好處。

統合綜效的練習

若想知道習慣四、習慣五與習慣六在自己家中的運作情形，不妨試著找些眾說紛紜、有待解決的問題，試著一起回答下列四個問題：

（一）每個人的觀點為何？

仔細傾聽，試著了解對方，不要急著回答，直到能確切表達對方的看法為止。專注於對方的權益，而非立場。

（二）關鍵問題是什麼？

一旦所有意見表達完畢，每個人也都覺得別人了解他的看法，大家再一起探討，找出癥結所在。

（三）怎麼樣才能擬出皆大歡喜的解決之道？草擬「眾人皆贏」的做法，把解決問題的標準列成表格，修訂並排列優先順序，使其切中參與者的需求。

（四）有什麼新選擇能符合前述表格中的標準？

請大家集思廣益，找出具有創意的解決辦法。在過程中，你一定會訝異於躍然而生的新選擇，以及在專注解決問題時，拋開個人定見與身段之後，心中的興奮感受。

互補式的統合綜效

到目前為止，我們的焦點一直放在如何促進人際互動，了解彼此需求、目的與共同目標，因統合綜效而出現優於原先提案的洞見與選擇。參與者的思維在過程中經過了統整，激盪出統合綜效，這種方式可以稱為「變換」（transformational），就像核子轉變中，因分子改變而產生全新的物質。

此外，還有另一類「互補式」的統合綜效，即充分發揮個人的優點，而個人的缺陷則由他人的長處來補足。換言之，人們團隊合作，但不需為了創造更佳的解決方案而費心整合彼此的思維。這種統合綜效可稱為「正電交流」（transactional plus）。拿核子術語來解釋，即物質從不同的層面協同作用，但保持各自的特性。在互補式的統合綜效中，重點在於參與者的「合作」，而非「創造新事物」。這種方式需要極大的自覺。一個人意識到自己的弱點還不夠，還得懂得謙遜，才能截人之長，補己之短。

有一回，我跟一名凡事樂觀的主管共事，他的頂頭上司是出了名的悲觀。我拿這件事問他，他只說：「我認為自己的責任是找出老闆的缺失，並彌補他的不足；不是去批評他，而是補其短處。」

這位男士的選擇需要極大的安全感與獨立的判斷，夫妻、親子間也可以做到類似的互賴。簡言之，就是選擇以身作則，而非百般挑剔。當人們能坦然接納別人對自己的褒貶，且擁有充足的安全感，不至於被回饋淹滅，又肯虛心了解他人的長處、與人通力合作時，美妙的事便會發生。

珊德拉和我集思廣益找出一種效能頗高的互補式解決方法。我們只需問對方：「你幾分？」意即：「從一到十，你的感受程度有幾分？」一方若表示：「九分。」而另一人卻說：「我大概只有三分。」那麼，我們就按感受程度較強者的方式去做。要是兩人都是五分，我們也能很快找出折衷辦法。

為了讓這法子生效，我和珊德拉都同意，一定要坦承心中感受的強弱。我們跟孩子也有這樣的默契，如果我們坐在車上，眾人想去的地方莫衷一是，有時就會問：「這對你很重要嗎？幾分？」換言之，我們企圖發展一種民主態度，也就是尊重當事人的感受及意願強度，使他的「選票」更有分量。

珍惜無價之寶

習慣四、習慣五與習慣六的流程是一種解決問題極為有效的工具，同時也極有利於創造家庭使命宣言及歡樂的家庭時間。因此，在傳授習慣二及習慣三之前，我常會先教習慣四、習慣五與習慣六。這三個習慣涵蓋家庭所有層面的統合綜效。

有一次，我在某間大學訓練兩百名企管碩士，在場同時邀請許多教職員和訪客。我們用最敏感艱難、最觸及人性弱點的問題——墮胎——來做實驗。我請兩個學生到教室前面。其中一個人主張尊重生命，另一個人主張尊重選擇，雙方各持己見。他們必須在眾目睽睽下互動，由我在一旁督導他們實行有效的雙贏思維、先求知彼與統合綜效。

以下是他們的對話：

「你們兩個願意尋求皆大歡喜的解決方式嗎？」

「我不知道能有什麼解決方法，我不認為他……」

「等一下，反正你不會輸，你們兩個都會贏。」我說。

「怎麼可能？其中一個贏，另一個就一定會輸啊！」

「你們想不想尋求兩人都喜歡的解決方法？比你們現在各自所想的解決之道更好的方法？記住，不能投降、不能放棄，也不能妥協。一定得『更好』才行。」我說服他們。

「我不知道能有什麼辦法。」

我繼續說道：「我了解。其實沒有人知道是什麼辦法，因為辦法得由我們去創造。當然，這辦法一定得更好才行。記住，要先求知彼，除非你能陳述對方的見解直到對方滿意，否則不得申張己見。」

兩人才開始對談，就不停打斷對方。

「是嗎？可是你根本不了解……」

我說：「等一等！不知那位仁兄是否覺得你已經了解他了？你覺得他了解你了嗎？」

「根本沒有。」

「好，你不准發表己見了。」

你很難想像這過程有多磨人，兩人根本聽不進對方的話，因為他們立場迥異，一開始就對彼此懷有成見。約四十五分鐘後，兩人才開始彼此傾聽，結果，雙方在心理及情感上都起了重大轉變，觀眾亦然。

當他們敞開胸懷，設身處地聆聽彼此對這敏感話題的需求、恐懼與感受後，互動氣氛為之一轉，他們開始為自己先前的批判、定見以及對持異議者的指責感到汗顏，兩人眼裡含著淚水，聽眾之中亦不乏紅著眼眶的人。

兩個小時後，他們都告訴對方：「我們原本不懂得『傾聽』，現在我們了解別人為何會那樣想了！」

兩人擬出許多富創意的做法，包括對預防、收養及教育的新見解；連他們自己也對集思廣益的結果感到不可思議。

只要運用習慣四、習慣五與習慣六，任何問題都能以統合綜效的溝通方式處理，你可以看到互重、了解與創意合作交織其中。深刻的了解不但會帶來彼此的尊重，更會提升了解的程度，若你能持之以恆，便能釋放更多創意，甚至營造出更緊密的人際關係。

統合綜效對那兩名學生奏效的原因之一是，在場所有觀眾也都十分投入，這賦予他們全新層次的責任感。在家中，當父母意識到自己為子女提供最基礎的問題解決模式時，也會產生一樣的責任感。這份自覺有助於我們超越自身的傾向或感受，從較高的層次尋求真正的了解，並發揮創意，找出第三種做法。

假如統合綜效對你現有的人際關係是「不可能的任務」，別喪氣。再次提醒你，著力於自己的「影響範圍」，在個人生活中體現這些習慣。也許這得耗費經年的耐力、經歷長期的煎熬，不過，通常都有開花結果的一天。切莫任由金錢、占有欲或個人習性取代家庭在年輕人心中的地位，甚至取代了統合綜效。這些事物固然能予人暫時的安撫，卻不能由衷滿足你，因為快樂取決於你與所愛的人之間關係的品質。

當你開始在家中建構創造性的合作模式，能力將獲得提升。家庭的「免疫系統」會更健康，人際關係也更篤實，各種正面的經驗將使你從全新的角度看待挑戰與機會。有趣的是，統合綜效的過程會讓你更能表達一項最珍貴的訊息：「無論何種情況，我都不會棄你不顧。」對子女而言，這種獨特的方式分外肯定了一件事：「我無條件的珍愛著你。」

統合綜效的成果與緊密的人際關係，是無價之寶。

起步的建議——成年人、青少年篇

（一）討論「統合綜效」的涵義。問家人：身邊可曾看過統合綜效的例子？

（二）一起討論「左腦管理，右腦領導」以及「買沙發」的事例。問：我們家是否發揮了統合綜效？是否稱許彼此的歧異？家人如何改進？

（三）你們夫妻間最初相互吸引的差異是什麼？那些歧異是否轉為厭惡，抑或成為統合綜效的跳板？

（四）討論家庭免疫系統的觀點。問家人：我們把問題視為障礙、還是成長契機？

（五）規劃一些有趣的活動，體驗集眾人之力比獨自行事更易成事。然後請別人幫忙，發揮想像力，構思自己的實驗，以展現統合綜效的必要性。

起步的建議——兒童篇

（一）分享書中「看電視的決策經驗」，大家集思廣益，擬出家裡的「看電視規則」。

（二）讓孩子一起擬定菜單，若孩子年紀夠大，也讓他們參與做菜，鼓勵他們混合烹煮各種食材，以創造全新口味的菜餚，如湯、水果沙拉等。

（三）「從一到十，你的感受程度有幾分？」陪孩子在各種情況下演練，這做來很有趣，也可以解決很多問題！

（四）安排家庭才藝之夜。邀請所有家人分享個人的才華及嗜好。指出大家能各盡心力有多麼美好。

7

習慣七

不斷更新

Sharpen the Saw

一名離婚男子談到：

結婚第一年時，妻子和我經常一起到公園散步、騎腳踏車、優游湖濱，兩個人的甜蜜不言而喻。後來搬了家，夫妻倆各自為事業奔忙，情形就變了。妻子上夜班，我上早班，有時候兩個人好幾天見不到一次面。慢慢的，我們的關係開始出現裂痕，妻子開始有了自己的朋友圈，而我也有自己的社交範圍，兩人漸行漸遠，因為我們不再經營、提升兩人之間的情誼。

任何未能時時砥礪的事物，都會崩解惡化，所謂「不進則退」。家庭文化亦如是，你得不斷在情感帳戶中存款，以維護現狀，因為你面對的是持續的關係與期望。除非人際關係中的期望得到滿足，否則關係便會惡化，彼此間的關係將會變得拘謹冷漠。身處瞬息萬變的現代社會，每個家庭都須投注時間更新生活中生理、社會、心智與心靈的四個領域。

再回到飛機的比喻，習慣七就像為飛機添加燃料與保養機身，並不斷更新機上人員的訓練與技巧。持續的練習使人能在必要時迅速反應，同時也肯定了共同目標的重要性，因為共同的目標創造了力量，使人熬過單調沉悶的更新過程。

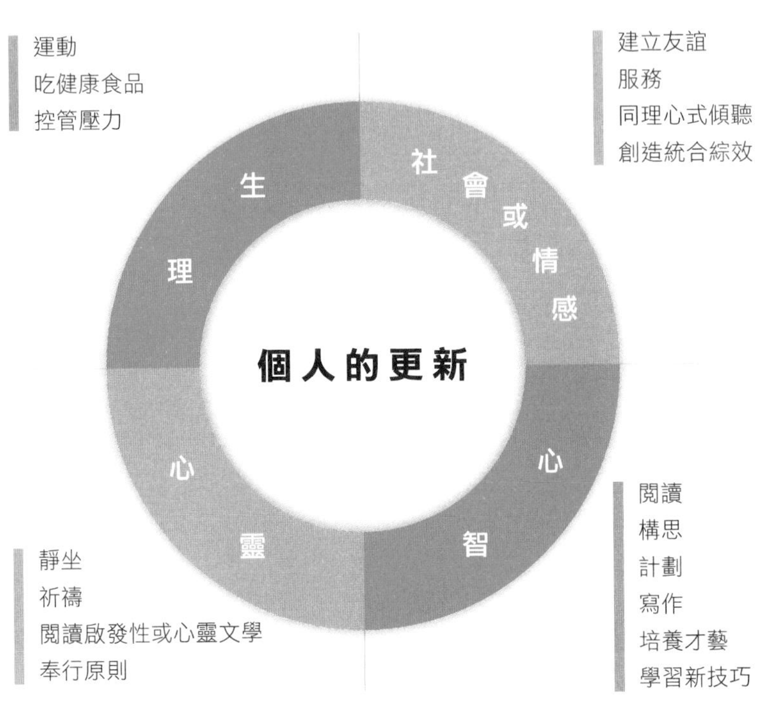

更新的力量

家人獨力或齊心參與更新的方式不勝枚舉。

就個人而言，生理方面，你可以運動、控制飲食、管理壓力；在社會方面，你可以與朋友保持聯繫、為他人服務、創造統合綜效；在心智方面，你可以閱讀、構思、計劃、學習新技巧；在心靈方面，你可以祈禱、靜坐、更新人脈、秉持原則。在這四個領域中日日勤修，將有助於培養個人的能力，並重新激發個人生活中對習慣一（主動積極）、習慣二（以終為始）與

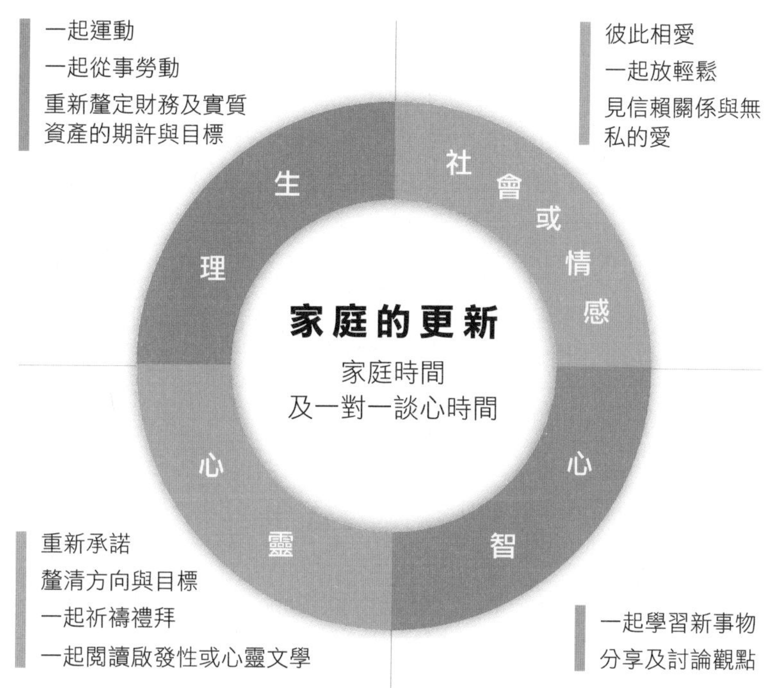

習慣三（要事第一）的培育力，這些活動全發自內心，而非源於外，出發點是為了培養獨立於他人及環境的個人與家庭價值。

就家庭而言，和家人齊心參與更新活動能拉近彼此的距離，達到雙效學習，強化彼此的信念。

想想看，若是你經常與配偶或子女進行一對一的談心，能為家庭關係帶來多大的更新？談心需要充分的承諾與積極性，這也顯示出你非常重視談心的對象。

夫妻間的親密關係若能超越肌膚之親，達到情感、社會、心智及心靈的層次，便能觸及人性的多種面向，進而滿足彼此心底最深刻的渴求。這是其他方式所無法辦到的，也是親密關係的主要目標之一。親密關係需要時間與耐性、尊重與體貼、真誠的溝通。只滿足生理而忽視其他層面的需求，將永遠無法體會四個層面兼備所帶來的圓融與滿足感。

傳統——家庭的更新要素

除了更新家人的互動關係外，家庭本身必須不斷滋養集體良知及共享的願景，這就是習慣七的本質；而重複的家庭更新模式，就叫做「傳統」。

家庭傳統包括了儀式、慶典及別具意義的家庭活動，這些傳統協助你了解到：你是家庭的一分子，你們彼此互敬互愛、慶祝家庭的特殊日子，大家共創美好回憶。家庭透過「傳統」來強化彼此的聯繫，使眾人得到歸屬、支持，以及被了解的感覺，你需要被家人需要，也樂於隸屬於家庭。若能培育出對家庭深具意義的傳統，那麼，每次回歸傳統時，便能更新親子間的感情與關係。

每週的家庭時間及一對一談心時間這類傳統，對家庭四個領域的更新，影響深遠。這些傳統使得家庭文化著眼於樂趣的創造，同時不斷提醒我們忠於核心價值、衷心聆聽、坦誠相待。家人必須決定，何種傳統才能真實反映家中的文化。更重要的是，讓它們協助彼此共創美好的家庭文化，鼓勵家人時時回歸航道。希望這些想法能刺激讀者思索與討論：究竟你們希望在家庭文化中創造或強化何種傳統？

家庭聚餐

家庭聚餐十分重要，即使每週只有一次，而這同時是每週的「家庭時間」也無妨。如果這頓精心準備的餐吃來有趣，那麼，餐桌就不僅是吃飯的地方，反倒更像一張聖餐檯。

不少家庭利用吃飯時間分享一天的經歷，更新心智。我認識一家人會在晚餐時做「一分鐘演講」：他們給某位家庭成員一個主題，主題無所不包，被指定的人要針對主題發表一分鐘演講。這方式帶動了家人間的互動與交流。你可以做很多事，讓晚餐帶來心智上的更新，比如偶爾邀請有趣的客人共餐，或是放段音樂，也可以每週跟家人分享一本書。

大衛（兒子）：

記得有一陣子，我跟一個不怎麼適合我的女孩鬧得很僵。一天晚上，全家人在餐桌上談到一些過去不太適合他們的人，以及當時各自又如何擺脫困境，也聊到走出陰霾後那雨過天青的感覺。當時我以為那不過就是平日家人的聚餐，後來才明白，這些談話原來是針對我來的。他們當時提出的見解十分受用，也很貼近我的狀況，而我也才了解，擁有真心的關愛與支持，是何等的福氣。

柯琳（女兒）：

我很喜歡我們家「與最喜愛的老師聚餐」的活動。爸媽非常重視子女的教育，他們熟知子女的所有老師，也希望老師能知道我們的感激。因此，老媽每兩年就會問每個孩子，這一年最喜歡的老師是誰，然後邀請他們到家中晚餐。大家都會為此盛裝打扮，母親也會仔細打點一切，並且讓每個小孩坐在自己最喜歡的老師旁邊用餐。後來這件事變得相當有趣，因為老師知道這個聚餐後，每年都希望自己能獲選為最受喜愛的老師。

瑪莉亞（女兒）：

記得有一年，我邀請高中英文老師納森來家裡用餐，那時我已經二十一歲了。我們家有幾個孩子都被她教過，也很喜歡她。用餐時，大家輪流訴說老師對自己的影響，輪到我時，我說：「我現在選擇主修英文，都是因為你的緣故，因為我們讀的文學和你的言行，使我愛上了英文。」受邀的老師都深受感動，因為很少有老師會得到這樣的感激。

拜食物之賜，晚餐是創造、更新家庭傳統的絕佳機會，我們有個女兒就說：「許多重要的傳統，好像都跟食物脫不了關係。」有了佳餚、良伴及暢快的討論，你便很難揚棄家庭晚餐這項傳統。

家庭度假

輕鬆及樂趣是我們家庭使命宣言的一部分。根據我們的經驗，家庭度假最具有更新的作用。每隔幾年，我們便會計劃一場別出心裁的度假活動。但我必須承認，有些時候家庭度假……實在不怎麼好玩。

珍妮（女兒）：

記得有一次，老爸決定帶我和弟弟去露營。我們家向來對露營興趣缺缺，也一竅不通，可是老爸決心好好玩玩。

那回幾乎每件事都出了岔子——我們把晚餐燒焦了，連夜大雨壓垮了帳棚，睡袋也全溼透了，老爸半夜兩點把我們挖起來，一夥人收拾行李，打道回府。第二天我們全笑歪了，那次「悲慘」的經驗成為眾人日後的笑柄。雖然像場災難，但卻使家人更親密；我們擁有可以共同回顧及閒聊的經驗。

我認識一家人，他們計劃到迪士尼樂園已有多年，這家人努力存了錢，而且訂了出發時間。

可是就在出發前三週，家裡氣氛卻變得相當陰鬱。某天晚餐，十七歲的兒子終於開口了：「我們幹嘛非去迪士尼不可？」

「你這話是什麼意思？」他父親詫異萬分：「你是不是跟朋友有別的計畫？」

「不是啦。」兒子垂著頭。過了一會兒，姊姊輕聲說道：「我知道傑德的意思，我也不想去迪士尼了。」父親十分訝異，不發一語。接著母親握住父親的手：「你哥哥今天打電話來，說他家小孩知道我們今年要去迪士尼樂園，不能去肯利溪（Kenley Creek），心裡很難過。孩子們大概是因為這樣才感到困擾。」

接著大家開始發言了：「我們想去見堂兄！」「那比去迪士尼樂園重要！」父親回答：「我也很想跟我的兄弟姊妹聚一聚啊，可是我以為你們很想去迪士尼，所以才決定今年要帶你們去……」十七歲的兒子回答說：「我們可以改變計畫嗎？」結果他們取消行程，但大家都很開心。

後來，這位父親告訴我肯利溪的故事：

我父母年輕時，家裡並不富裕，以致全家人無法到任何昂貴的地方度假。因此，爸媽每年會在木箱裡裝入各種食物，把老舊的帆布帳棚綁在一輛福特車上，所有孩子像沙丁魚一樣擠進車裡，浩浩蕩蕩到山區及肯利溪玩，年年如此。

我哥哥結婚後，由於嫂子是時髦的富家女，曾到全國各地旅行，我們以為老哥不會跟我們去肯利溪了，可是他們竟然來了，嫂子也玩得非常開心。後來即便我們一個個成了家，每年夏天大家仍會到肯利溪相聚。

父親去世後那年，我們覺得大概去不成了，可是母親表示，父親會希望我們去，而且他一定會在那邊陪著我們，因此大家都去了。多年過去，大家都生了小孩，我們每年依舊在肯利溪畔聚首。母親過世後，我們感覺她與父親每年都會回到那裡，在寧靜的山區月夜中，陪我們坐在營火旁。我們可以感覺到他們含笑看著子孫起舞，看他們捧食在山泉中冰沁的西瓜。

肯利溪的時光使我們家族的關係綿延不墜，我們對彼此的愛有增無減。

任何家庭度假都能成為絕佳的更新經驗。許多家庭——包括我們家——發現，年復一年回到同一個地點，更新作用更強。對我們家而言，那「同一個地點」指的是蒙大拿州的海勃根湖（Hebgen Lake）旁、離黃石公園西部約二十英里遠的一間小木屋。

在那邊過暑假，是我祖父在四十五年前開始的傳統。當年祖父心臟病發，為了休養，來到海勃根湖。祖父先是在湖邊建了一幢木屋，然後又弄了間活動房屋，接著又加蓋一間木屋。此後每年夏天他都會回到這裡，並且邀家人同去。如今湖畔已經有好幾間木屋，至少有五百名子孫會固定前往。「海勃根家庭度假」一詞已成為我們各代家族間的使命宣言。對家族成員而言，它代表家族的愛、團結、服務與歡樂。

約書亞（兒子）：

由於排行老么，所以老媽總是要我幫忙做這做那。每年夏天，我幫她策劃海勃根家族度假時例行的尋寶活動。我們母子會溜到貨幣店「搜括一空」，買下各種小型貨幣，裝到海盜箱裡。我們準備各種球、神奇墨水、熊鈴、印第安獨木舟、塑膠手銬、腳鐐、刀子、弓箭、錢袋等，讓大家統統有獎。然後把箱子裝滿，用黑色大垃圾袋包好，堆在船裡。還準備鏟子、海盜旗和手寫的指示——紙邊還故意燒壞，看起來就像舊紙。

到達湖中央的山羊島後，我們就找地方把寶藏埋起來。最後在樹林、灌木跟石頭底下到處留指示，再把一分、五分、十分錢的錢幣甚至銀元四處亂撒，讓小一點的孩子去找。累得半死後，兩人回到岸邊，揮動破海盜旗（那是老媽的傑作），把「來不及帶走寶藏的海盜」嚇走。然後，小孩、大人和狗立即蜂擁而上，擠進船隻、獨木舟、小艇和內胎，大舉向小島進攻。大家尋找一個接一個的指示，直到寶藏出土，眾人瓜分戰利品。這是我們家族的傳統之一。

這類的傳統度假方式會提供更多的穩定感與親密感。不過，再強調一次，重要的不是地點，而是家人一起從事活動，締造篤實的家庭關係。

慶生活動

有一年，兒子史提夫剛換新工作，媳婦潔莉給了他一份絕無僅有的生日禮物。她說：

因為搬家、買房子、繳就學貸款，以及剛開始挑戰性極大的新工作，外子承受很大的壓力。我知道幫他減輕壓力的最佳辦法，就是讓他跟他哥哥大衛在一起。大衛最能叫史提夫開心了，他倆一湊在一塊兒，簡直就像瘋了似的，笑聲不絕！

所以史提夫生日那天，我買了機票請大衛過來陪他度週末，希望給他驚喜。我告訴老公，要他在生日那天看職業籃賽，球賽結束後，我會給他一份特別的禮物。球賽進行到一半，他老哥現身了：「驚訝吧！我就是你的神祕小禮物。」我先生都嚇呆了。

接下來的二十四小時，這對兄弟說笑打鬧。我從來沒見過兩人在一起能激盪出這麼多有趣的事情。大衛離去時，彷彿也帶走史提夫所有的壓力，讓他好似脫胎換骨。

生日是表達愛意、肯定家人的良機，也是慶祝他們誕生人間、成為你們家人的最佳時刻。在我們家，生日極具分量。多年來，我們不是慶祝生「日」，而是慶祝生「週」。一整個星期，我們會盡量讓孩子知道他們對我們的意義。我們會在房裡綴上標語氣球，邀朋友來參加派對，讓壽星跟爸媽到外頭享受一頓特別的晚餐，安排跟親戚聚餐，還會準備禮物與壽星最愛的食物，並且慷慨讚美壽星：

「我愛辛希雅，她個性率性、說做就做。」

「瑪莉亞飽學多聞，你若需要引用任何嘉言警句，打電話問她就行了。」

「我很喜歡史提夫的一點是，他不僅是運動高手，而且樂於傳授，總是不厭其煩的教導別人。」

我們還有親戚費盡心力為親人慶生。以下是其中兩位的經驗分享：

我們的甥姪兒（分別是三歲、五歲、十一歲跟十四歲）都很愛我們的慶生方式。在他們生日那週的星期六早晨，我們會接他們去購物。沒有他人跟隨，只有小壽星和我們。他們會收到紅包，還可以選擇買東西的地點，愛逛多久就逛多久。接著再一起到餐廳吃午飯，他們想點什麼就點什麼！

看他們小心翼翼的挑選禮品與菜色，我們常十分訝異。這些孩子展現出驚人的成熟度，而且非常認真，連那個三歲的小孩也不例外。這項傳統迄今已有十三年。我們的甥姪兒在生日前幾週就開始談論「東尼跟芭比阿姨日」了，他們跟我們一樣喜歡那一天！

節日慶典

或許人們對重要節日的記憶與喜愛遠甚於其他事物。每個節日都有不同的傳統，例如：感恩節的火雞、新年的足球賽、復活節尋彩蛋、聖誕頌歌……。有的傳統跟食物有關，也有的源自不同國度的風俗、還有代代相承的傳統，以及人們婚後發展出來的新傳統，這些都賜予家庭穩定感及認同感。重點在於，節日提供了建立傳統的好時機，節日年年都有，家人很容易藉此建立參與感、樂趣以及節日所帶來的意義與情誼。我們家就建立了一些十分特別的節日傳統。

凱瑟琳（女兒）：

每年我都會跟老爸一起玩點特別的情人節傳統。我們會製作卡片，綁上長長的絲線，將它們擺在鄰居的門廊上，然後按按門鈴，跑開躲在灌木叢或屋子轉角處。當他們開門看到卡片時，通常會很開心，可是一彎身撿卡片，我們就拉著線扯開幾英寸，這時他們通常會停頓一下，滿臉困惑的看看卡片。當他們再試一次時，我們又會將卡片扯遠些，等他們終於抓到卡片，我們就大笑跳出來。

幾次之後，鄰居都學乖了。每當卡片一動，他們就會說：「噢，是史蒂芬，這會兒他又在玩什麼花樣了？」不過他們其實仍很期待，我們也樂此不疲，父女倆玩得不亦樂乎！

爸在情人節還有一項很棒的習慣——送巧克力和花給所有的女兒，即便我們都已經嫁為人婦了。當我們在情人節收到美麗的玫瑰時，會覺得自己十分特別，因為有兩個人對我們示愛。我們往往會收到兩束花，然後就得猜猜哪束花是誰送的，這實在是樂趣無窮。其實這項傳統從我很小時便已開始。記得十歲那年，我在情人節收到老爸送的巧克力，當時我覺得好窩心。老爸也會在母親節送花給我們。

節日年年都有，因此能不斷帶來享受傳統的機會，並為傳統添加新趣味和意義，能自然提供良機讓大家時時聚首，使家庭關係日新又新。

大家庭和多代家庭的活動

也許你已經注意到，阿姨叔伯、祖父母及堂表親等，也可以給家庭帶來深遠的正面影響。像聖誕節等許多大節日，便能號召更多的家族共襄盛舉。

其實幾乎所有家庭活動都可以擴展成親族間的大活動。一對七十多歲的夫妻分享他們的經驗：

我們習慣在週日跟我們的獨生女、女婿及他們的子女一起吃晚飯，我們每週也會輪流邀請四位成家的孫子中的一位帶家眷過來。如此一來，我們便能跟每家人談到話，看看他們生活有什麼變動、有什麼計畫跟目標，我們又能怎麼從旁協助。

建立這項傳統的意念來自三十年前。當時女兒遠嫁他方，有好長一段時期，我們和女兒的溝通，僅限於電話和一年幾次的往來。我們常想，若是能讓女兒跟她的家眷聚聚，不知有多好，所以我們退休後便搬到女兒家附近。週日晚餐迄今已有十三年了，能協助家人、與孫子親近、看他們長大，我們感到相當安慰。

這些家庭把一般的家庭活動（如家庭時間及週日晚餐）拓展成廣納親族的活動。想想看，這樣的活動能建立多好的回憶與關係！

多年來，珊德拉和我很重視觀賞孩子參加的表演、演奏及運動比賽，或是任何家庭成員所參與的事。我們努力提供家庭的支持，讓孩子體會我們的關心及珍愛。我們隨時歡迎親人加入，珊德拉和我也經常參加我們自己兄弟姊妹和他們家人的活動。我們發現，有了家族式的活動，下一代之間往往會成為很好的朋友。我們感到無比充實，而且感激這些親人，是他們織就了一張堅實的安全網。

西恩（兒子）：

我最感謝我們家的一點就是：親族間浩大的支持網絡。我的子女跟他們的堂表兄妹都非常親近。我想，等他們步入青少年期，這點會使他們與眾不同，他們將擁有屬於自己的龐大支援網絡。要是有人遇到問題，我看問題才開始，支持就接踵而至了。

共同學習

全家人有許多機會可以一起學習跟活動，這會對許多層面產生很大的更新作用。你們可以分享個別家庭成員的嗜好或興趣，一起學習、討論，這麼做可以獲得社會及心智上的更新。學習新的技能，能帶來生理的更新；學習全面性的生活原則，則能滋養心靈。

西恩（兒子）：

爸媽到哪兒都帶著我們，我們不但跟著去旅行，還參加老爸的演講，因此，我們常能接觸各種美好事物，對我而言，這真是一大利多。因為我擁有過人的經驗，所以面對許多狀況時，都能泰然自若。

我曾經參加各式各樣的活動，比如：露營、戶外活動、長途旅行。我也刻意這樣對待子女，無論是看棒球賽、去購物，或是在院子裡蓋東西，都會帶著他們，試圖讓他們接觸生活的各個層面。

閱讀是另一種重要的學習傳統。家人可以一起閱讀，不過孩子也必須獨自閱讀，此外，還要讓孩子看到父母讀書。

幾年前，兒子約書亞問我到底看不看書時，我著實嚇了一跳。那時我才發現，原來兒子從沒見過我看書，因為看書時我通常是自己一個人。事實上，我每週平均讀三、四本書，可是我跟家人在一起時，並不看書。最近我讀到一些研究談及，孩童不看書的主因是——沒看到父母以身作則。

珊德拉：

我們家的學習傳統是：每兩星期，我會帶著所有孩子一起上圖書館，每人借上十二本書，供兩星期閱讀，大家都可以選擇自己想看的書。全家一起學習不僅是一種傳統，也是重要的需求。

所謂「不進則退」，現今生活步調以及科技成長飛快，養成不斷學習的家庭傳統及文化，意義非比尋常。

一起祈禱

家人一起祈禱也是很重要的。一位父親談到他的經驗：

小時候，我父母強調大家要一起祈禱。當時我不認為這有多麼重要，也不明白他們為何如此在乎。不過爸媽十分堅持全家要一起上教堂。我必須承認，那個過程對我們這群小毛頭來說，大部分時間都很無聊。

可是隨著年紀漸長，我開始發現，我家人比許多朋友的家庭都要團結。我們有共享的價值觀與目標，家人會互相扶持。我們知道自己的信念，也知道全家人的信念。「祈禱」不僅是每週一次的家庭活動，父母更將宗教與祈禱視為教育的過程，潛移默化的教導我們是與非。

此外，我們還有其他家庭傳統，例如：一起晚禱。家人的話使我受益頗多，我知道他們重視什麼，也了解他們的需要、希望、恐懼與擔憂。現在想起來，禱告的確使我們更加團結。

蓋洛普調查報告指出，九五％的美國人相信有某種形式的超自然力量。除了自助，現代人比以往需要精神上的協助。研究同時顯示，「一起禱告」是幸福家庭的主要特質之一，它能使家人緊密團結，並促進彼此間的了解，跟家庭使命宣言有異曲同工之妙。研究還發現，宗教信仰——特別是發乎內心的信仰——是心緒健康與穩定的重要因素。信仰若源自外在的驅策（如公眾的認同或出於順從），未必有益，有時反而會造成不切實際的期望，為感情脆弱的人帶來更多的情緒問題。

相對於恪守嚴峻教條的環境，在強調以道德原則為基礎的環境中，人們更能健康成長。後者鼓勵人們接納生命的原則，和平共融，同時使人們能坦然面對道德的瑕疵，進而接納自己。

全家一起祈禱賜給我們巨大的力量，全家上教堂禮拜更是家庭大事。我們發現，家人因而更凝聚；信仰讓我們得以一起為更高遠的目標奉獻。我們也試著每天在家中禱告——每天早上相聚幾分鐘，然後帶著豐盈的好心情，拉開一天的序幕。

史提夫（兒子）：

在成長期間，我們早上總會舉行家庭祈禱。不管我們是小小孩或已經上了高中，大家每天總是準時六點起床，一起讀書，討論一天的需求與計畫，然後一起禱告。我們有時會抓著毯子躺在沙發上，有的人就這樣又睡著了，直到輪到自己念禱文才驚醒。也許早禱效果因此打了點折扣，不過我們還是吸收了不少東西，學到的東西比自己當初想像的多。

上述這些傳統，成為我們家極富更新作用的力量，也使我們更親近。

一起工作、服務

一名男子分享以下經驗：

成長過程中，我最鮮明的記憶就是在花園裡陪父親工作。父親最初提議時，哥哥和我興奮極了，絲毫不知自己得頂著大太陽在後院工作數小時，拿鏟子挖地，手會起泡，還得做一大堆苦差事。墾植花園相當辛苦，但父親會耐心教導我們。四、五年後，年少的我已經能從辛勤的耕耘中，發現極大的歡樂與滿足。

記得我十二、三歲時，花園有了大豐收。摘取成串甜美的桃子、蘋果與梨子，突然成了生活一大樂事。後院那些堪稱極品的玉米，以及像樹一般高的番茄，都是我們流汗播種的結果。那些年裡，家人合力成事是我最棒的學習經驗之一，看到園裡扶疏的花木與家人工作的成果，令我產生極大的滿足感。

我發現，這個經驗對我後來的工作幾乎都有助益。當我必須與人合作、需要讓人接納結果及看法時，就回想起當年父親如何協助我們了解這項工作對家庭關係的幫助。我也常憶及父親的楷模，他是如此樂在其中。我想，看到孩子享受這件事、看到辛勤後的回收以及奧妙的自然法則時，父親應該也很欣慰吧！

墾植花園的傳統使這名男孩及家人脫胎換骨，他們有了一起工作的機會，因而得到社會層面的更新。全家一起在豔陽下工作，生理層面也獲得了更新；學習耕種時，心智得到砥礪；學得的知識原則也對他成年的事業產生影響，也算是一種心靈上的更新。

另一位父親表示：

任何靠工作維生的人，很容易滿腦子只想到工作，我就是這個樣子。因此當我跟孩子一起工作時，我常頤指氣使，十分霸道。不過，我漸漸了解，跟孩子一起工作時，目的是為了培養他的性格與能力。謹記這點，我就不會感到挫折，而能平靜愉悅的共事。

從前的家庭為了生存必須一起工作，因此，工作使家人團結凝聚。可是，當今社會的「工作」卻往往使家人生疏，父母通常在不同的地點上班，全都離家。因此，在今天想創造一起工作的傳統，你必須更主動積極。我們已經看到，擁有一座家庭花園，是讓你真正享受勞動成果，並能「與家人一起工作」的絕佳方法。許多家庭會在週末一起做家事，有些父母甚至會讓大孩子到他們的上班地點打工。

一位母親分享她們全家一起服務社會的經驗：

> 外子馬克生長於波里尼西亞的一個村落，在那裡，村人得合力工作才能維生。我的母親也經常幫助別人，因此馬克和我都有一起工作與服務的觀念，結婚後有了孩子，我們便決定培養孩子的服務美德。
>
> 我們的經濟不寬裕，能做的慈善樂捐十分有限。不過我們會做拼布。碎布很便宜，需要的是體力和技術，而這工作也能讓我們全家一同參與。
>
> 拼布不但實用，還可供欣賞，所以每年我們會一起為不同的家庭製作十二條拼布。全家圍坐在拼布架邊閒聊時，溝通也更順利，孩子都很喜歡去分送完成的作品，全家一起製作拼布使我們擁有許多美好的時光。

你能看出一起服務具有多麼奇妙的更新作用嗎？因為它跨越了自利的範疇，也可以滿足家庭的使命宣言，使之日新又新，並為個人帶來生理或心智的更新。它可以涵蓋才藝的培育、新觀念或技巧的學習，也可以使身體勞動。服務也能帶來社會層面的更新——有什麼比合力完成深具價值與意義的工作，更能使家人攜手同心？

以幽默同樂

所有傳統中，「同樂」應該是最重要的面向，它表示家人真誠享受彼此的陪伴與家庭環境。

同樂的培養與表達方式更是不勝枚舉。我們家以「幽默」培養情誼，例如，我們家有不少所謂「柯維式」的爆笑片，大家經常一起觀賞，每個人都愛極了這些家庭錄影帶，連對話都能倒背如流。因此，當我們生活上碰到該情境時，全家便會將錄影帶裡的情節一字不漏的演出來，大夥笑得滿地打滾。

幽默使人寬宏、不流於嚴苛、不拘泥於小節或其他擾人的瑣事。有時只要有人在事發當時發揮一絲幽默感，便能扭轉整個狀況，或讓平凡無奇的事變得刺激有趣。

珊德拉：

我想，有些傳統根本就不該發生。因為一旦開始，就很難制止！例如，有一次史蒂芬在吃晚飯時接到電話，跟某位商業夥伴在電話上談了起來。兒子們希望他別說了，便比手畫腳要他掛電話，可是史蒂芬揮手叫他們走開，他把手指按在嘴上，示意他們別吵。

小鬼這下明白老爸沒法一邊談生意、一邊叫他們安靜。發現老爸弱點後，小鬼們立刻大肆利用。一個小鬼把花生醬塗在史蒂芬光禿油亮的頭上，另一個則在花生醬上加上一層紅莓醬，第三個又在上頭添了一片麵包，一群人在老爸頭上做了一份完美的三明治，搞得史蒂芬束手無策。那次以後，每次史蒂芬接到長途電話，小鬼便伺機而動，尤其當旁邊有觀眾時，他們就做得更帶勁。

某個仲夏夜，我們跟一些鄰人、朋友坐在草坪上，看年紀小的幾個孩子表演，這時狀況出現了。一輛滿載青少年的車子開進來猛然煞住，五、六名青少年跳下車朝我先生跑過去。他們正到處拍錄影帶。「柯維先生！柯維先生！」他們大叫：「我們需要你！這場比賽我們贏定了，請你幫個忙吧！」他們拿著花生醬、果醬和麵包，將史蒂芬團團圍住，一邊在他頭上做三明治，一邊拍下整個過程。

等這一行人終於離開，史蒂芬進屋洗頭，然後回來準備繼續看表演。他（與目瞪口呆的鄰人）才剛坐妥，第二輛滿載青少年的車呼嘯而來，他們又提出同樣的要求，還一再保證知道怎麼做三明治——因為我們的兒子西恩、大衛和史提夫已經教得很清楚了。

當天晚上，共有三輛車光顧史蒂芬的頭，主辦派對的鄰居小孩表示，當晚最精采的節目就是花生醬三明治，他還說，史蒂芬一定是錄影比賽的明星。

天哪，這算哪門子傳統！

滋養心靈，日新又新

不管你想創造什麼樣的家庭傳統，你將發現，若想在每天的互動中滋養「心靈」，或是培養日新又新的感覺，方法俯拾皆是。

珊德拉：

這麼多年來，我們培養出一種簡單的傳統，那就是熱熱鬧鬧的出門、熱熱鬧鬧的回家。當孩子放學回來，我們會花幾分鐘時間溫情的歡迎他們，問問一天過得如何。我發現，當他們放下書、脫外套、開始放鬆時，我要是能暫且放下手邊的事，問問他們一天過得如何，並且邊聊邊幫他們準備點心，對親子關係真的大有助益。

若有人大張旗鼓的迎接你，你會覺得，自己是家裡重要的一分子。有人願意聽你說話，願意探詢、感受你的心情，而且喜歡跟你在一起，這多麼令人感到窩心啊！這只需要些許的練習跟努力，絕對值回票價。

我們也試著「收養」孩子們的朋友。

西恩（兒子）：

高中時，我有幾個足球隊的朋友相當野，爸媽基本上等於是「收養」了我的朋友。爸媽錄下每場球賽，事後邀請每個人到家裡吃比薩，球隊裡大概有半數的人都會來看球賽。因此，我的朋友都喜歡我爸媽，覺得他們很酷，我也這麼認為。最棒的是，我許多朋友的人生甚至因此有了重大的轉變。

大衛（兒子）：

大家向來喜歡往我家跑，因為老媽歡迎我們所有的朋友，而且樂意忍受大家相聚後的雜亂。有時我會帶四、五個粗野的足球隊朋友回家，一進廚房就故意捶著桌子，並大聲對老媽喊：「我餓啦！我朋友也餓啦！」老媽會大笑，然後弄頓好吃的。她的幽默感與包容，使家中充滿溫情，讓我能很自在的帶朋友回來。

這些大大小小的傳統使我們家人凝聚，得到更新，進而認同自己的家。每個家庭都是獨一無二的，因此都必須發掘並創造屬於自己的傳統。我們的孩子發現，結婚後，由於夫妻雙方有著迥然相異的傳統，所以你等於進入了另一個人的世界。在這種情形下，練習習慣四、習慣五和習慣六，並一起決定何種傳統能反映你想要的家庭生活，變得非常重要。慢慢的，這些更新的傳統會變成家庭文化中最強大的力量。

我認識一名男子，他成長於一個非常憤世嫉俗的家庭，後來他娶了一位賢淑的女子，協助他尋回自己的本性，並發掘他的潛能。隨著自信漸增，他開始慢慢意識到過去環境的惡質，並開始愈來愈認同妻子的娘家及岳父母。妻子的娘家當然也有自己的問題，不過，其文化基本上是關愛、鼓勵而正面的。有了新的力量，他成了自己母親及家庭的導師與楷模，並協助原生家庭建立穩定感與希望。

在任何沮喪或疾病中，真正的痊癒包含四個層面：生理（包括現有的醫藥或其他療法、保持身體健康）、社會或情感（包括自己能夠引發正面的力量，避免批判、嫉妒及憎恨等負面力量，以及與家庭、朋友所形成的支持基礎相連，由他們給你信賴及支持）、心智（包括學習了解疾病，以及看清身體免疫系統與疾病的對抗情形）和心靈（包括信仰及接觸高於個人的精神力量）。家庭的更新則有助於家中成員得到這四方面的治癒，它能創造習慣六所談及的「強大免疫系統」，使我們能夠處理困境與打擊，並提升生理、社會、心智及心靈的健康。

覺察家庭中的更新力量與更新傳統，能開啟各種互動及創造的大門，進而培養出優良的家庭文化，不斷引領人們走在正軌上。傳統未必完美。但奇妙的是，人們就是會記得它們。它們會使家人更加團結，也使我們在社會、心智、生理及精神上煥然一新。有了更新的心態，我們才能以嶄新的心情迎接每天的挑戰。

起步的建議——成年人、青少年篇

（一）討論：你們家的哪一項傳統最有用？是家庭晚餐、慶生、家庭度假、節日還是其他做法？

（二）問問家人：是否曾注意到別人是用什麼方式有效培養自己的傳統？

（三）重新閱讀有關家庭傳統的章節，問家人：喜歡或希望建立何種家庭傳統？

（四）討論更新活動（如一起遊玩、學習、禱告、工作、服務等）為何能符合人類的愛、學習、發揮影響力等基本需求。

起步的建議——兒童篇

（一）跟孩子一起運動或參加其他課程活動。不斷提醒彼此運動及健康的重要。

（二）教導孩子你希望他們知道的事，教他們工作、閱讀、讀書的重要性。

（三）陪孩子參加適合他們年齡的活動，鼓勵孩子參與有助培養天分的活動。

（四）跟孩子一起學習新的技術，如縫紉、木工、糕點製作或文書處理。

（五）和孩子一起計劃家庭度假。

（六）讓孩子參與你的精神生活，分享各自的特殊感受，一起祈禱和閱讀。

（七）讓孩子加入每週的家庭服務工作。

（八）讓孩子幫忙布置餐桌、選擇點心，甚至挑選談話的主題。時時讓家人在餐桌上團聚，一起享用食物。

結語

生存、安定、成功、意義

From Survival...
To stability... To success... To significance

我們先前已逐一討論過七個習慣。在本章，我將與你分享這七個習慣是如何由內而外交互運作，成就「更宏闊的整體生命圖像」（bigger picture）。

我想先請你讀一位婦女精采的心路歷程，你可以從中看到一個積極勇敢的靈魂，如何生出不息的力量。也請注意這位婦女的做法對自己、家庭及社會所造成的影響：

我十九歲時離了婚，身邊還有個兩歲大的孩子，景況相當艱苦，有一度我必須挨餓才能讓兒子溫飽。我的體重驟減，同事問我是不是病了，我終於忍不住吐露自己的遭遇，同事幫我跟社會單位聯繫，協助我圓上大學的夢。

早在十七歲懷著兒子時，我就夢想著念大學。

但其實，十七歲的我連高中文憑都沒有，也不知道自己該怎麼做，但我就是覺得自己一定能影響別人，為那些和我有相同境遇的人效力。這夢想如此強烈，使我克服了萬難，想盡辦法從高中畢業。

十九歲上了社區大學後，我依然不知應該如何圓夢。我連自身都難保了，何況是幫助別人？可是，夢想與稚子給了我莫大的驅力，我希望兒子過好日子，衣食無缺、接受完整的教育，但我自己若沒有一定程度的教育背景，如何為兒子提供這些？於是我上大學，也拚命工作。

二十二歲時，我再婚。對象是個很好的人，我們生了個漂亮的小女兒，於是我離開學校，陪伴年幼的孩子，經濟上還過得去。等孩子稍大，我就義無反顧的念書去了。

上學期間，基本上都是外子「父代母職」，之後我取得兩個學位——商業管理學士及碩士。後來在工廠工作的外子失業時，我因此能夠協助他進修，我的教育背景使家庭經濟安穩無虞。之後我先生也取得了學士及碩士學位，迄今已擔任多年的顧問。他表示，若沒有我的支持，他不可能辦到。

有一段時間，我想我拿到了學位，家庭也很成功，應該很高興才是，可是我的夢想還包括「幫助別人」，這一部分尚未實現。因此，當學校畢委會主任邀請我在畢業生之夜演講時，我同意了。我問她希望我談什麼，她說：「只要把你取得學位的經過告訴大家就行了。」

老實說，要站在兩百多名高學歷、學有專精的女學生面前演講，實在有點恐怖，想到要把自己的故事告訴她們，我心裡實在不怎麼興奮。不過此時我已經學會使命宣言，也立下宏願，基本上，我的人生使命是協助他人看到他們自己最好的一面；這宣言賜給我分享親身遭遇的勇氣。

演講前我打定主意：「好，我去演講，不過萬一失敗，我將從此絕口不提自己的事。」結果演講十分成功，學校也以某女士的名義設立獎學金。該女士認為，讓婦女受教育，不僅能改變婦女的一生，也會對其子女產生重大的影響；我很欣慰能有這樣的成果。沒多久，我去上女子發展課程，再度分享自己的經驗，課堂上一位女士提議眾人為一名低收入婦女籌措獎學金，每個人也都同意。

從此我涉入漸深。如今，我是地方女子文學院社福津貼婦女獎學金的董事，同時也為低收入的婦女籌措獎學金；我知道它能造成多大的影響。

一路走來，我受到許多人的慷慨義助，我希望透過這些不足掛齒的作為，表達我對他們的感念。

這些事對我的家庭也起了正面影響。正在攻讀碩士的兒子十分關注殘障者的福利，念大一的女兒自願擔任外國人的英文家教，同時也相當關心窮苦的人；這兩個孩子似乎對別人有份責任感，覺得奉獻是重要的，並且相當積極。我先生也常以私人身分為別人服務。

現在回頭想想，我才發現我們全家都在為社會服務貢獻，我覺得自己夢想成真，而且比原先所想的更完整、更周延。我相信，幫助他人是人生最具意義的貢獻，也很感激我們能夠做到這點。

這位婦女的積極態度改變了自己、家人和受她恩惠的人。她並未讓環境澆熄心中的夢想，反而堅守不墜，努力耕耘，終於化夢想為驅力，超越環境限制。注意在這過程中，她和家人如何一一度過本章標題所示的四個階段。

生存

起初，她最憂心的是基本「生存」需求，生活的重點在於讓兒子和自己免於飢寒。即使日後環境已有改善，但「挨餓的夢魘依舊盤桓心頭」。生存代表第一個層次。其實，許多家庭與婚姻都還在這個層面上掙扎——除了經濟，還包括心智、心靈及社會面向。這些人的生活充滿了不定與恐懼，咬牙度日，缺乏可依循的原則，不知明天會如何。他們常覺得自己是環境的犧牲者。

安定

她藉著奮發與外援，終於提升到「安定」狀態，有了食物與基本生活的必需品，甚至擁有穩定的婚姻關係。

安定代表了第二個層次，這是許多家庭與婚姻的期盼。然而，家庭雖獲得了生存，家人卻常因工作時程與習慣的差異而聚少離多，造成家人因生活缺乏規劃而感到空虛。不過，家人的知識愈廣博，安定的希望就愈濃。

當家人能將知識化為行動，並開始安排有利溝通與解決問題的時程及架構，人們便能克服疏忽與空虛，使家庭和婚姻變得安定可靠。但是，假若解決問題的方法局限於「逃避」或「爭執」，深層的溝通卻付之闕如，那麼「家」只是一個沉悶無趣、必須接納你的地方。一旦在家中就沒有了參與感，也就沒有所謂的快樂、愛、歡笑或平靜。

成功

「成功」是第三個層次，包括完成一些具有價值的目標。這些目標可以是經濟上的（如開源節流、儲備教育經費等），可以是心智上的（如學習新技巧或攻讀學位，前述故事中的女士就是將目標設定在經濟與教育兩個領域的追求），也可以是社會上的（如擁有更多家庭時間、良好的溝通或傳統的建立），或是心靈上的（如創造共享的願景、更新家人的信念）。

成功的家庭會設定有意義的目標，並積極追求；懂得安排、從事家庭活動，能有條不紊的完成各種工作。成功的家庭專注於生活的品質、豐富的關愛與熱忱的學習，並能透過有趣的家庭活動及傳統，使家庭日新又新。然而，許多「成功」的家庭還是會忽略下一個層面。

意義

第四個層次是「意義」，它代表對全人類抱持責任心，家庭成員非但不自滿於成功，更能從事家庭以外富有意義的活動。

家庭的使命包括發揮影響力，例如改造社區。這種奉獻不僅為個人、也為全家帶來更大的滿足。故事中的女士自覺責無旁貸，努力對社會付出，子女也因為她以身作則，而培養了奉獻精神，使服務及責任成為他們家庭使命宣言的一環。

有些家庭的奉獻方式是由某一成員開始，其他家人則合力支持。以我們家為例，當珊德拉全心領導婦女服務組織時，我們全家陪伴她、鼓勵她。子女們選擇在海外教會服務的那幾年裡，大家也表示支持。這麼多年來，家人對我在柯維領導中心（Covey Leadership Center，後為富蘭克林柯維公司 Franklin Covey）工作的支持，使全家感情更形緊密，後來也有部分子女參與中心的工作。

此外我發現，對許多家庭而言，貢獻的意義是「陪伴暫時需要幫助的親族」。有位父親分享了他的經驗：

一九八九年末，我父親罹患腦瘤，我們跟化療奮戰了十六個月。一九九〇年年底，父親再也無法自理生活，七十多歲的老母亦無法提供父親所需的照料，內人和我商討後，決定將父母接到家中。

如今我才明瞭，若非深知自己的人生要務及基本原則，也許當初就無法做出那樣的決定——雖然那是我此生最艱困的時刻，卻也是最安慰的一段。

在父親生命的最後幾個月，我們與他相當親密。不僅內人與我從這次經驗中學到許多，母親也是。她相信，自己未來若遭逢同樣處境，我們會照料她，心中因此有了希望。孩子看著妻子與我的作為，也盡力從旁協助，學會了可貴的服務精神。

在那幾個月中，這家人的重要貢獻是：協助他們的父親或祖父在尊嚴與關愛中辭世。這麼做對祖母及所有家人傳遞出強烈的訊息，也灌輸了成長中的子女服務精神與慈愛！

追尋意義的方法很多，你可以在自己家中、協同其他家庭，以及在整體社會中追尋，與當地學校或社區結合，提倡減低犯罪或協助問題家庭兒童等等，也可以參與募款、教育輔導，或從事其他教會、社區的服務工作。家人一起貢獻不僅幫助了他人，貢獻的過程中家庭也更牢固。還有什麼比家人合力造福世界，更能使家庭團結、滿足、展現活力？

與外人分享「愛」，有助於延續家庭的傳承，付出本身則使家庭更有目標。追求意義是家庭滿足感的最高層次。家人合力做有意義的貢獻，最能為家庭注入活力，並帶來和諧與滿足感。追求意義也是家庭領導工作的真正本質。從意義的層面而言，家庭本身不再是個終點，而是遠大目標的中途站；是人們為他人服務奉獻的媒介。

從「解決問題」到「創造」

當全家人齊心向某個目的地邁進時，不妨將上述四個層次（生存、安定、成功、意義）視為中程標的。每個層次代表一項挑戰，也是邁向下一個中程標的的必經階段。從生存邁向意義的層次時，思想會產生重大的變革。在生存及安定的層次裡，我們主要針對如何解決問題：

「我們該拿黛拉的行為怎麼辦？」

「要怎麼付清貸款？」

可是，當你提升到成功及意義的層次，焦點便移至目標與願景的創造：

「我們希望提供孩子什麼樣的教育？」

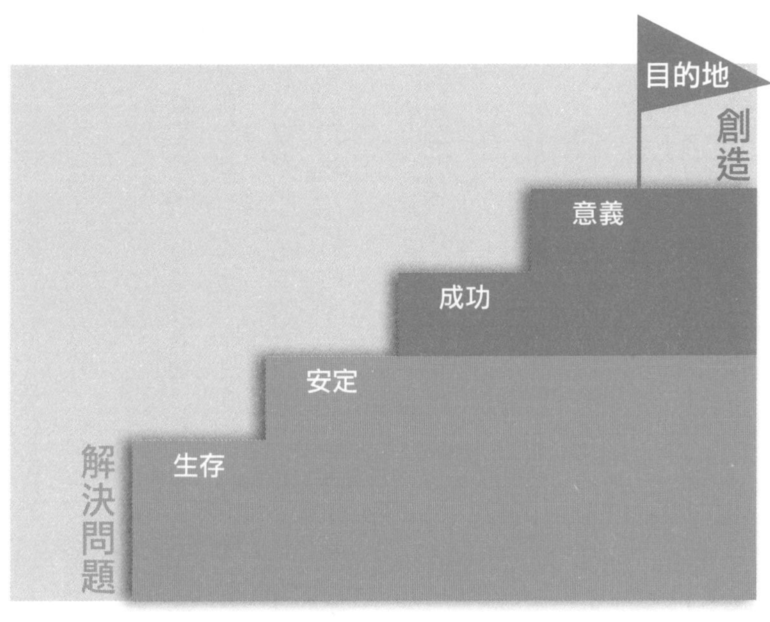

「我們希望五年或十年後，家裡的經濟狀況怎麼樣？」

這不表示達到成功及意義層面的家庭就沒有問題。問題仍會出現，但他們主要的考量是放在創造上——他們全心創造正面事物、新目標，而非費盡思量消除家中的負面事物。簡言之，他們留意的是機會，而非問題。如果你留心的是機會與願景，自然會用心讓某些事物成真。

「解決問題」與「創造」是截然不同的思維方式，更是迥異的心靈取向，兩者導致相異的文化。致力於創造，你便不會感到挫折不安，也不會再被絕望的烏雲籠罩。正面的力量將引領你踏上創造與集思廣益的路途，使你專注於願景，輕易超越問題。

從生存邁向意義的過程，與外在環境關係甚微。一位婦女表示：

我們發現，追尋意義的過程跟家庭經濟真的不太有關係。雖說我們現在更富足了，能做的事也更多，不過，即使在新婚時，我們還是能挪出時間幫助他人，這真的使我們家更團結。服務他人使家人更清楚自己的定位，對孩子的成長也造成很大的影響。我相信，因為有了貢獻，他們的青少年時期過得十分與眾不同。

驅力與抑制力

從「生存」邁向「意義」的過程中，你會發現一些輔助的驅力。知識與希望將你推向安定；熱情與信心使你成功；服務精神與貢獻的夢想讓你找到意義。這些事就像推舟的順水，迅速將你帶往目的地。不過，你也會發現，其中常有強勁的逆流抑制你前行。受害者的心態及恐懼，常使人退回生存的基本掙扎；無知與空虛則會讓人飄搖不定；沉悶及逃避使人錯失成功；獨善其身的思維更使你與富饒的意義擦肩而過。

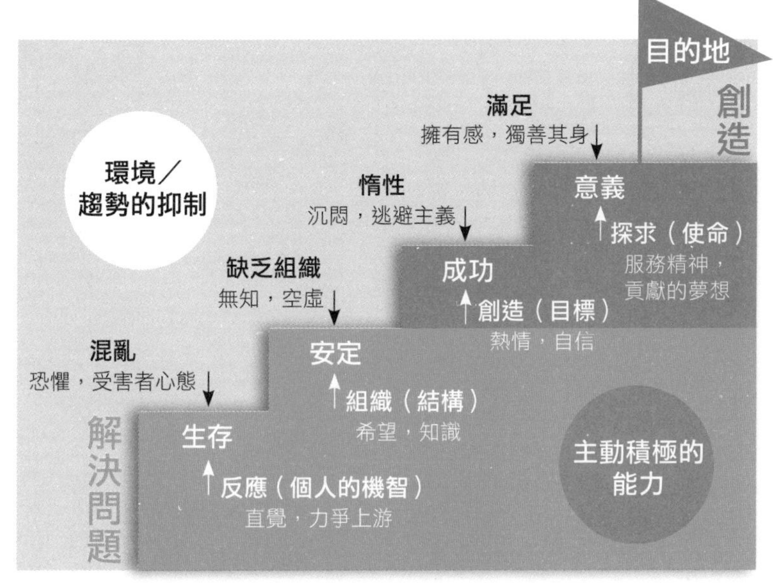

抑制力往往是情緒及心理性的，非關邏輯；驅策力則較符合邏輯，且嚴謹積極。我們必須設法啟動驅力，去除抑制力。著眼驅力和抑制力雖然必要，但「擺脫」抑制力才是重點所在。

習慣一、習慣二、習慣三及習慣七能強化驅力，建立積極性，賜給你清晰明確而有意義的願景。願景使人自動自發、盡己所能。在團隊合作的過程中，習慣四、習慣五與習慣六使人完成所有願景，習慣七則賜予你持之以恆的更新力量。不過，透過習慣四、習慣五與習慣六，你會了解文化、情感、社會及非理性的抑制力，並予以解套。事實上，若能深入了解恐懼與焦慮，人們反而能改變它們的本質、內涵及方向，並將原先的抑制力化為驅力。

許多研究顯示，讓問題人物參與解決問題，可將抑制力轉化成驅力。這些習慣使你同時琢磨驅力與抑制力，讓你自由的邁向意義的層次。

從何著手？

下意識中，我們都想從生存躍至成功或意義的層次，只是知易行難，我們絞盡腦汁，能做的都做了，結果卻不盡如人意。

面對可塑性高的孩子，我們仍不免懷疑，什麼才是影響他們的最佳方式？我們該不該仗著成人的優勢，強迫孩子照我們的意思去做？有沒有輔助性的原則，能讓我們以更好的方式影響子女？任何人都能推動變遷，將家庭推向更高遠的目標。只要這位變遷的舵手能了解、並力行家庭四個基本領導角色的原則，事情就會更容易。

我們可以用「以原則為重心的家庭領導之樹」的圖來描述這四個角色。家庭領導之樹提醒我們，家庭是自然的一環，我們要處理的是「自然的法則」。它同時協助你了解四個基本的領導角色，使你能診斷家庭的問題，思索對策。

以原則為重心的家庭領導之樹

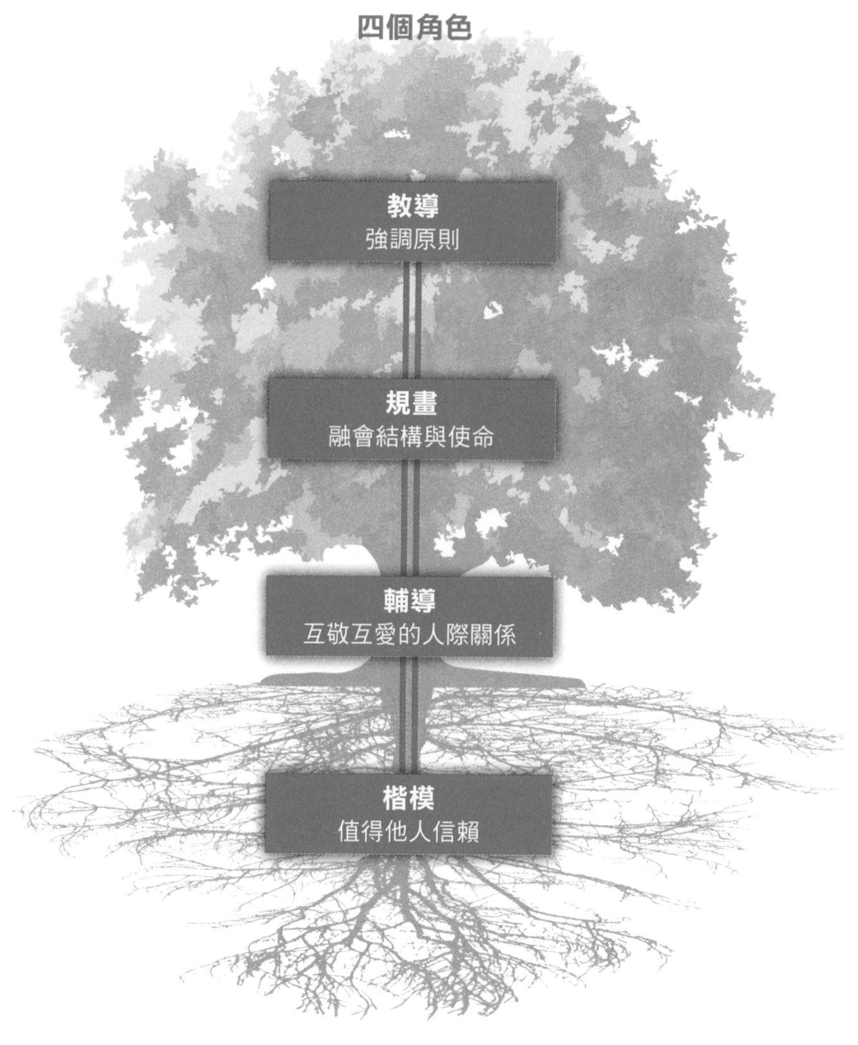

了解家庭領導之樹後，我們再來探討四個家庭領導角色，以及如何將七個習慣注入每個角色，進而將家庭從生存推升到意義的層次。

楷模

以身作則絕對是最根本的影響方式。有人問史懷哲（Albert Schweitzer）如何管教子女，他說：「有三個原則：第一，以身作則；第二，以身作則；第三，還是以身作則。」我們是子女的第一個、也是最主要的楷模，孩子從我們身上見到的事，勝過千言萬語。你無法掩飾真實的自己。真實的欲望、價值、信念與感受終將以千百種面貌呈現，什麼樣的人就會有什麼樣的教導。因此，在以原則為重心的家庭領導之樹中，最深層的根基部分便是「楷模」。你的表現是個人生命的真貌與延續，任何你想在家中培育的文化，都立基於你所樹立的榜樣。

有趣的是，無論你喜不喜歡，你「就是」一個楷模。為人父母者更是子女的首要榜樣。你不做榜樣都不行，人們總會看到你的生活樣態，並視之為一種生存之道。有一首詩表達得相當貼切：

活在批評裡的孩子，學會譴責。
活在安全感裡的孩子，學會相信自己。
活在敵意中的孩子，學會鬥爭。
活在接納中的孩子，懂得去愛。
活在恐懼裡的孩子，學會包容。
活在認可中的孩子，知道擁有目標。
活在悲憫中的孩子，學會自傷自憐。
活在讚賞中的孩子，學會喜歡自己。
活在嫉妒中的孩子，學會罪惡感。
倘若孩子活在友善中，他會知道世界的美好。

從書中許多故事可以看出，父母的舉止、想法塑造了孩子的思考、言行，影響有時擴及第三、四代。因此，以身作則是父母最基本、最神聖的責任。孩子的人生腳本由我們撰寫；往後半生，他們幾乎參照腳本演出。因此，我們更要檢視自己的生命「核心」，自問：我究竟是誰？我如何定義自己（安全感）？我該何去何從（人生方向）？生命如何運作？我該如何生活（智慧）？我該透過何種資源與影響滋養自己與他人（力量）？

如果你選擇在個人生活中實踐七個習慣，你的子女能學到什麼？以身作則提供積極進取的態度，子女能看到你力行個人的使命宣言，看到你敬重他人、願意了解別人並分享自己、相信統合綜效、勇於與別人創造第三種選擇。你將樹立楷模：自制而充滿活力、學習不輟、不斷維護人際關係，而且堅守原則。

這樣的楷模會對子女的一生造成何等影響？

輔導

我認識一位家庭至上的男士，他雖然參加許多有益的活動，但心中最重視的，還是對子女的教誨。他希望能輔導孩子成為負責、有愛心且樂於貢獻的人，而他本身就是絕佳的典範。

該男士家裡食指浩繁。某年夏天，他的兩位女兒打算結婚。一天晚上，兩位女兒的未婚夫都到家中作客。這位男士跟他們四個人一起坐下來談了幾個小時，分享許多他自己學到的教訓和體驗。等他準備就寢時，兩名女兒跑去跟母親說：「爸只想教我們，根本無心了解我們。」換句話說，他只想把多年來累積的知識一股腦丟給女兒。可是，他真的了解女兒嗎？他接納她們嗎？除非孩子能夠明白並感受到父母無私的愛，否則，無論父母帶來多好的影響，他們都很難坦然接納。

「除非我知道你關心我，否則我不在乎你懂多少。」家庭領導之樹的下一個層級——壯碩堅實的樹幹，即代表「輔導」的角色。「輔導」是一種關係的建立，投資情感帳戶，讓別人知道你在意他們，衷心而無條件的愛著他們、支持他們。這種深刻真誠的愛會創造深厚的信賴感，使家人能更坦然接受你的教誨和影響。唯有體現愛的首要法則，無條件的付出，愛別人的本質而非他們的行為、地位或其他條件，才能激勵別人服膺誠實、正直、尊重、責任與信任等生活首要法則。

你如何扮演輔導的角色，將深刻左右子女的自我價值觀，也將左右你的影響力與教育能力。我相信，同時以下列五種方式來「愛」另一個人，會有令人驚奇的效果：

（一）同理心：將心比心的聆聽。

（二）真誠分享心中的洞見、感情與信念。

（三）用信任、珍惜、讚美、感激與鼓勵來肯定對方。

（四）衷心一起祈禱或為對方祈禱，接觸更高的力量與智慧。

（五）為他人犧牲，比別人預期的多做一些。無私的付出關心與服務。

五項中最常被忽略的是同理心、肯定與犧牲。許多人願意為人祈禱、與人分享，卻未必能將心比心的聆聽或肯定別人，也無法用祈禱與分享以外的方式打動他人。人們常犯的一項大錯就是，在關係尚未確立之前，便好為人師。

下次你想糾正孩子前，不妨先按下暫停按鈕，問問自己：我跟孩子的關係能夠承受這種做法嗎？孩子現在聽得進我的話嗎？我們很容易陷在當時的情緒裡，忘了停下來問問自己的做法是否有效、能否達成我們真正的目標。答案若是否定的，常是因為你們的關係還不夠穩定。別人若能感受到你的愛與關注，便會珍惜自己，並且更樂於接納你的想法。

規畫

雖然做到了以身作則，也擁有良好的家庭關係，但是，家庭若不能透過有效的規畫達成目標，往往會事倍功半。若家中高談「愛」與「生活樂趣」，卻從未安排任何家庭聚餐、度假等活動，鬆散的結構便會形成成長的阻礙。好比你常對某人說「我愛你」，卻又忙得沒時間跟對方談心，關係當然會變質。

你的規畫應該在於建構家庭體系，協助自己完成目標。你可以利用習慣四、習慣五與習慣六，從輔導的層面創造家庭使命宣言，並設立大部分家庭所缺乏的兩種新結構：「每週的家庭時間」以及「一對一的談心」。若未能創造立基於原則的家庭結構，便無法建立家庭共享的價值觀，如此一來，道德權威將無法根植於家庭文化中。

道德或倫理權威愈強，且愈能融入家庭文化，促使家人具體遵循時，家庭就愈不需要倚賴個人力量來維護美好的家庭文化，因為文化中的習俗與標準將強化這些原則。因此，即使有些家人一時流於輕率、懶散，家庭結構與流程的設定也能彌補大部分的缺失。

社會學家涂爾幹（Emile Durkheim）說：「當更重要的東西足夠時，就不需要法律了。當更重要的東西不足時，法律也難以奏效。」這句話可以套用在家庭上。

根據我的專業經驗，我發現，這是規畫最強的一項優點。你必須將原則植入結構與體系，讓它們成為家庭文化的一環，如此便不再需要依靠少數幾個人的領導。我曾遇過整批高層管理人員移師至另一個公司，不過，由於原公司的文化「深厚扎實」，這群人離職完全無損於公司的運作。

缺乏基本規畫，家庭很容易茫無頭緒。因此，家庭領導之樹的第三個層次——由樹幹延展成自粗而細的枝幹，代表了「規劃者」的角色。在這個層次中，你可以體驗到原則與日常模式及結構的融合，並從經常性的相處及一對一的談心時間，真切體驗到家庭的重要，於是，家人便能很快建立起對家庭結構與模式的信任，進而依賴它們。能規劃優先順序，創造緊密的人際關係與秩序，也等於是為自己的目標設定支援性的系統與結構，將抑制因素轉化為驅力，使我們從生存邁向意義的層次。

教導

當你自知能深刻影響另一個家人，這些教導時刻就會成為家庭生活中最美好而獨特的時光。因為你的教誨使家人培養內在的能力，並活出效能。教養子女與家庭生活的重心，即在於此。

瑪莉亞（女兒）：

我永遠忘不了年少時的一段經驗。當時老爸出差去了，晚上輪到我陪伴媽媽，我們一起泡熱可可聊天，然後舒服的坐在媽媽的大床上看電視影集。當時媽媽已有數個月身孕，電視看到一半時，她突然跑到浴室，在裡頭待了好久。後來我聽到她在浴室裡低聲啜泣，發現不對，才進去查看，結果看到母親的睡袍上染滿了血，原來她剛剛小產。

> 母親看到是我，便止住哭聲，平心靜氣的向我解釋剛才發生的事，一再保證自己沒事。她還說，有時寶寶發育欠佳，流產反而是好事。她的話安撫了我，我們母女倆一起將浴室清理乾淨，然後回到床上。
>
> 如今已為人母的我不得不佩服母親，當時竟能克制椎心的痛楚，將之化為一次機會教育。她關心我的感受甚於自己，將一場可能的創傷經驗轉化成女兒的正面經驗。

因此，家庭領導之樹的第四個層次——葉片與果實，代表的角色是教師，也就是明確教導家人生活的首要法則，並在強調原則的同時，讓家人真切了解、遵循，進而信任那些原則，也信任自己。人們若能看到良好的楷模、感受到愛，並且擁有美好的經驗，便能聽進教誨，且奉行不渝，使自己也成為別人的模範，進而使美好傳統傳承不息。

有時人們是「無意識的無能」（unconsciously incompetent），缺乏效率且毫無所覺；或是「有意識的無能」（consciously incompetent），自知效率不彰，但缺乏尋求改變的欲望或紀律；或是「無意識的有能」（unconsciously competent），有效率但不知原因何在，因此雖可身教，卻因缺乏了解而無法言教。真正的教導創造的是「有意識的有能」（consciously competent）。因為能夠了解自己的作為與效能，所以可用身教及言教教導別人。知識與技巧能代代相傳，靠的就是這層意識能力。

我們在習慣三曾說過，父母若不教導子女，社會將取而代之。如果你做好內在工作，成為生活首要法則的楷模，體現愛、建立信賴的關係，同時規劃固定的家庭時間與一對一談心時間，教導工作將大為輕鬆。教導的內容基本上將源於你的使命宣言，也就是你認為最重要的原則與價值觀。如果有人告訴你，應該等孩子大到能選擇之後再教育他們，千萬別聽。所有事物都蘊含了價值觀，你必須決定自己的價值取向與生活原則，並對子女負起神聖的督導責任。

家庭成員有需求時，家庭時間、一對一談心時間，以及意外的「機會教育」，都是教導的良機。我們有四項對教導的建議：

（一）察言觀色。人們覺得受到脅迫時，諄諄告誡或教誨只會徒增對方反感。最好等當事人感到安全、準備接納後再說。你的寬容、不責罵、不急於糾正，將讓情緒緊張的家人感到受尊重與被了解。換言之，當你無法以告誡來教導某種價值觀時，不妨透過身教傳授另一種價值。

（二）察覺自己的心態。如果你心中氣惱，要克制自己，待爾後心中有了愛、尊重與安全感時，再進行教導。

（三）區隔教導的時間與輔助的時間。當家人心情不佳、承受巨大壓力時，滔滔不絕的長篇大論無異教導將溺斃的人游泳——此時他需要的是繩子或援手，不是大道理。

（四）了解教導是無處不在的。無論我們做或不做任何事，都是一種教導。

切記一點，你無法不教導，就像你無法不做榜樣。你個人的特質、身教、跟子女的關係，以及為家庭規劃的優先順序（或未予規劃），都將使你成為子女首位、也是影響最宏遠的老師。

領導角色、四項需求與稟賦

在下一頁的圖中，請你注意左邊四項基本需求——生存（生理或經濟）、愛（社會）、學習（心智）及發揮影響力（心靈）與四個角色的關聯。不過別忘了，家庭還有對歡樂及趣味的第五項需求。注意右邊人類特有的四項稟賦與四個角色的關係。

楷模的角色本質上是心靈的，主要以良知為導向；輔導基本上是社會的，主要是對他

以原則為重心的家庭領導工作

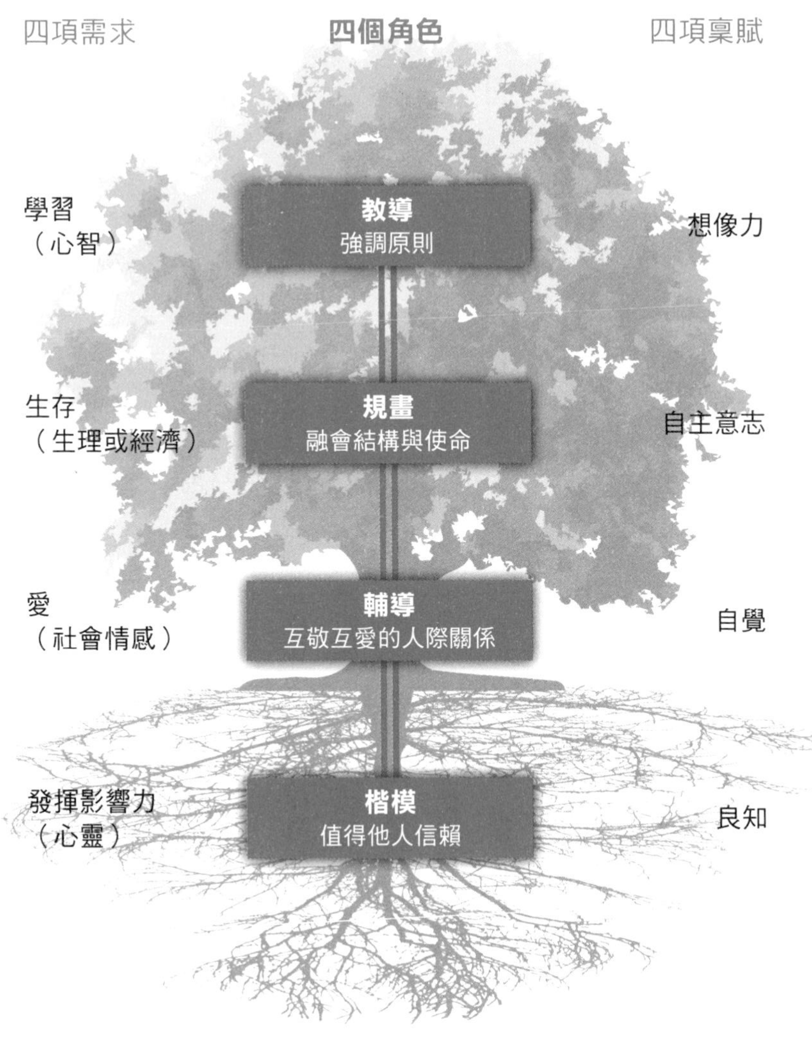

人的尊重了解、同理心及統合綜效的自覺；規畫本質上是生理的，以個人及社會的意志規劃生活，如設定家庭使命宣言、每週家庭時間等等；教導主要是心智上的，透過想像力，先在心中勾勒未來藍圖，讓心智引導我們朝目標邁進。

事實上，在每個層次中，人類的稟賦是循序累進的。輔導涵蓋了良知與自覺；規畫包含了良知、自覺與自主意志；教導含括了良知、自覺、自主意志與想像力。由四個角色、四項需求以及四項稟賦的關聯可以得知，實踐這些角色將使你帶動家庭改變。

楷模：家人見證你的榜樣，並學著信任你。

輔導：家人感受到你無私的愛，而開始珍惜自己。

規畫：家人體驗到生活的秩序，並漸漸信賴它能符合基本需求的結構。

教導：家人聽取教誨並力行實踐，在體驗到成果後，懂得信賴原則與自己。

扮演這些角色時，你不但領導家庭，也對家人造成影響。倘若你能穩健、以原則為重心的扮演這四個角色，楷模將為你帶來家人的認可；輔導能帶來信賴；規畫能創造親密與秩序；教導則孕育了能力。

以原則為重心的家庭領導工作

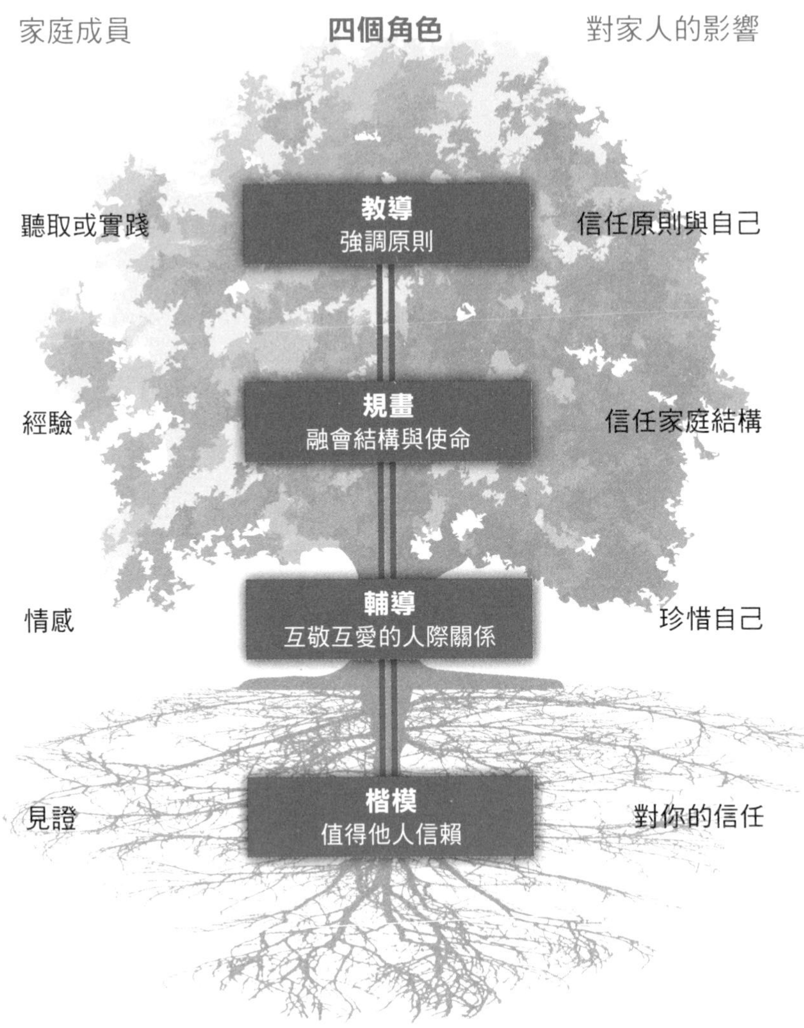

重點是，無論你喜不喜歡，你就是家庭領袖，你已經在扮演這些角色。問題在於：你要如何勝任？你能不能透過這些角色，協助自己創造理想的家園？

迫切性與重要性

多年來，我常問聽眾一個問題：「如果做了某件事會徹底改善你的人生，你知道那是什麼事嗎？」接著，我會針對聽眾的職業生涯提出同樣的問題。人們通常能輕易說出答案，因為他們早知道自己該怎麼做。

然後，我會請他們檢視自己的答案是具有迫切性、重要性，或兩者兼具。「迫切性」是源於外在環境的壓力；「重要性」則源於內在的價值體系。結果幾乎沒有例外，聽眾所寫的事項都是具有重要性，而非迫切性。經過討論後，人們才了解，自己之所以猶疑，是因為那些事並非燃眉之急。大部分人只顧及眼前，如果他們不處理迫切的事務，便會感到罪惡、不舒服。

可是，各行各業的高效能者專注的都是「重要事項」，而非燃眉之急。研究顯示，世上最成功的經營者都是著眼於事務的重要性，而非迫切性。雖然有時具有迫切性的事也很重要，但大多數時候並非如此。顯然，投注心力在真正重要的事情上，比專心於迫切之事更具效能。

想想本書建議的重要事項：建立情感帳戶；創造個人、婚姻及家庭的使命宣言；設立每週家庭時間與一對一的談心時間；創造家庭傳統；一起工作、學習及祈禱……，這些事都不像趕赴醫院陪伴孩子、回應要求離婚的配偶，或是處理孩子的退學問題那般緊急。然而，選擇將時間投注在重要的事物上，將能減少緊急家庭事件的發生頻率，因為在問題成形之前，你已經先討論、化解了。

其實，大部分的家庭都是「管理」過度、缺乏「領導」。然而，家庭領導工作做得愈好，就愈不需要管理，因為人們能夠自律。七個習慣的作用就在這裡。它們使你在家中執行領導及管理，顧及「重要性」及「重要性與迫切性兼具」的事務，輔助你建立人際關係，教導家人放諸四海皆準的自然法則，並將這些法則納入家庭使命宣言。

在以原則為重心的家庭領導之樹中，人們常犯三項毛病：

第一個通病：以為只需扮演一種角色

許多人似乎認為，只要以身作則、堅守一種好榜樣，久而久之，孩子自然會有樣學樣。其實，這些人並不了解輔導、規畫及教導的必要。

還有人則覺得，輔導和愛就已足矣。如果能建立不斷傳達關愛的關係，便能彌補個人行為、結構、規畫及教導上的諸多缺失，他們將愛視為萬靈丹。另外一些人則相信，以適當的規畫建立良好的人際關係及家庭生活，應該就夠了。有人以為，父母口頭上諄諄善誘，總會收效。有人覺得，只要做到身教跟輔導即可。有人認為，就長期而言，真正重要的是家人的關係，因此，身教、輔導及教導就夠了，規畫沒那麼要緊……。

我們可以一直分析下去，但都跳脫不出只需扮演其中一、兩種角色便足矣的想法。這是一項很大、也很普遍的謬誤，事實上四個領導角色缺一不可。

舉例而言，也許你為人不錯，人際關係也不差，但是缺乏規劃與教導，萬一你不在子女身邊，或人際關係發生負面變化，他們便得不到結構及體系的補強。子女必須見證、感受，並體驗、聽取你的教誨，否則永遠難以明白，主宰快樂與成功的生活法則有多麼重要。

第二個通病：忽略前後順序

此通病十分常見：以為光憑教導即可，不需要建立關係；或是不需得到信賴，即可建立關係；或是僅借助言教，毋須在日常生活的模式、流程、結構與體系中體現原則。

領導角色是脈脈相連的，有前後順序。楷模、輔導、規畫、教導是一種自內而外的過程，楷模就像樹根，會供給枝葉養分與生命。你的以身作則能為人際關係、規畫及教導注入生機。身教是家庭領導之樹的一切根基，每個層次又是下個層次的必備條件。有效能的家庭領導者能體察這個順序，並在發生斷層時，循序找出問題癥結。

希臘哲學認為，人類的影響力來自三項因素：性格（ethos）、情感（pathos）與理性（logos）。基本上，性格指楷模的信譽；情感來自人際關係、情緒的連結及彼此的尊重與了解；理性處理的是生活邏輯與人生課題。七個習慣中，順序跟統合綜效相當重要。若非親身感受或見證，人們難以聽取教誨；沒有關懷或信賴，生命的邏輯亦無法扎根。

第三個通病：以為一次就夠

也就是認為，只要將這些角色實踐一次，就可交差了事，意即未將執行角色視為持續的過程。

楷模、輔導、規畫及教導必須日復一日、持之以恆，我們必須不斷以身作則，在家庭情感帳戶中不斷投下存款，藉由不斷的規劃因應瞬息萬變的環境。同時也要有持續明確的教導，因為人們的發展層次會不斷推進，在不同的發展層次中，同樣的原則需靈活運用。

除此之外，隨著環境、年齡與發展階段的變化，我們也必須注入、加強新的原則。我們發現，家中每個孩子各有其獨特的挑戰與需求，每個孩子都需要父母以不同的觀點與心力去對待。

我們更不能以為自己對子女、孫兒，甚至曾孫的責任已了。有一回，我對一群富甲四方的退休夫妻演說，談到三代同堂的重要時，他們承認，基本上，他們把自己對成年子女和孫輩的責任劃分得很清楚，家人攜手同心已經不是他們的生活重心，唯有「節日」期間才會偶一為之。雖然理智上可以說服自己是協助子女獨立，但許多人承認自己對這種劃分感到悲哀，最後決定以各種方法融合家庭。

協助子女獨立當然很重要，但面對今日核心家庭的文化衝擊，家庭世代間的支援體系更不可或缺。家庭常會陷於兩種極端：彼此的情感依賴過深（也許社會、經濟或智性上亦然），或是彼此因害怕倚賴而變得過分疏遠獨立。通常只要傾聽家人的言談，看看他們是抱怨或是專注於未來、機會與自己的責任，便不難區分假獨立與真正的互賴。

唯有家人用心贏取個人的勝利，並製造真誠而平衡的獨立人格，才能開始邁向互賴的境界。珊德拉和我根據數代同聚的親身經驗，下了一個結論：祖父母的責任僅次於父母。我們認為，自己的首要工作是把兒女教好，並督導他們教養第三代。這明確的價值觀使我們與已婚子女及其家眷相聚時，有了明確的方向。

即使子女已經離巢，你仍需覺察其需求，也必須覺察孫子女的需要。透過這種方式，祖父母將成為另一種強化家訓的力量，或是彌補家庭短暫缺失的助力。研究顯示，無論年紀多大，你都可以成為影響子女及子孫幸福的「舵手」，切莫認為自己的身教、輔導、規畫及教導工作已經告一段落。

在飛機與船隻的表面上有一小片金屬稱做配平片（trim tab），配平片移動時，會牽動大片的方向舵，進而影響飛機、船隻的方向。不妨想像：你就是家中那一小片可以轉動大舵、終而改變飛機航向的配平片吧！

配平片最適合比喻父母的角色。因為父母擁有選擇和承諾的力量，而承諾是連接願景與行動的齒輪。若欲使願景成真，首要條件就是對自己及家庭做百分之百的承諾，包括實踐七個習慣在內。

雖然領導角色主要由父母扮演，但我們也看過其他人如兒女、叔伯、阿姨、祖父母及養父母等，扮演家庭配平片的角色。他們阻絕了惡習的傳承，並超越遺傳、因循、限制與環境壓力，成為扭轉家庭文化的靈魂人物。

一位父親因為效法改變自己的人，成為推動變遷的舵手：

我九歲時，父母離異。父親把七個年齡從一歲半到十七歲不等的子女丟給母親，只管酗酒，對家裡不聞不問，也從不付贍養費或資助孩子。父親離開一年後，哥哥入伍，我跟母親和五名姊妹留在家裡。我之所以跟別人不太一樣，大概就是受那段時間的影響吧！

娶了雪琳後，我見識到截然不同的家庭生活。岳父是個模範父親，他關懷子女，對他們投注大量的時間與心力，他鼓勵子女訂定教育等重大目標、安排家庭度假、召集家人做家庭祈禱。有問題時，他必然會陪在家人身邊，用雙贏的態度設法解決。

岳父對子女教育的熱心積極，令我印象尤深。我發現，他們家能如此和樂，岳父是關鍵。因此，我像海綿一樣吸取所見所聞；雪琳的父親無疑是我此生中最重要的楷模。

事實上，每個人都隸屬於某個家庭，也都擁有改革的力量。我們擁有跨越過去、領導家人的能力，更可以引領家人成為領導社會的觸媒。

放手一搏

也許你會覺得，家庭使命宣言、每週家庭時間及一對一談心時間，遠離了自己的舒適圈，雖能理解，也希望做到，卻無法想像如何實行，我只想對你說：「你辦得到！」踏出第一步就對了。

若能從現在開始著手，且持之以恆，你必能獲得美好而驚人的見識。你愈是體現這些習慣，就愈清楚七個習慣最大的力量不在於個別的習慣，而在於它們合力創造出可適用於各種情形的架構，這架構就像詳實的地圖，能協助你抵達目的地。反之，錯誤百出的地圖只會誤導你，使你很可能永遠到不了目的地。

家庭生活中，至少有三種常見的錯誤地圖：

（一）他人的建議。將自己的經驗投射到他人身上，是相當普遍的現象。請你想想：你的眼鏡適合別人戴嗎？你的鞋子合別人的腳嗎？大部分時候，適用於情況甲的做法未必適用於情況乙。

（二）社會價值。一如我們在習慣三所見，社會價值觀未必等於原則。例如，你若視孩子的行為而決定喜愛孩子的程度，短期間也許能掌控他們，可是孩子卻會以為必須乖巧順從才能獲得你的愛。長此以往未必有益，而孩子也未必能了解「愛」的真貌。

（三）決定論。這是最難察覺的一種，意即以論斷式的假設為基礎。基本上，決定因素視人類為遺傳與環境的受害者，存有這種念頭的人會有以下思考傾向：

「沒辦法，我就是這個樣子。」

「我祖母就是那樣，我媽也是，我當然也是了。」

「這些小孩快把我逼瘋了！」

決定因素的地圖曲解了我們的內在本質，否決了人類基本的選擇能力。

在家中，我們有許多的思維與做法都立基於這些或其他地圖。若想改變個人生活及家庭，僅僅專注於態度與行為並不夠，還必須改變心中的地圖。自外而內並不管用，由內而外方能見效。愛因斯坦曾說：「面臨重大問題時，我們不能用問題發生時的同一個思考層次來尋求解決。」關鍵就在於：學習並使用新的思考方式——也就是更新、更正確的地圖。

體驗七個習慣的架構

希望讀者能將七個習慣的架構視為一個整體，以它來了解、化解家庭問題。也許你會問：「光一種方法怎麼可能應付比如大家庭、頂客族、單親家庭、混合家庭、祖父母及兄弟姊妹等不同的挑戰?」「單獨一種方法能適用於不同的國家或文化嗎?」答案是:只要是立基於普遍的需求與原則,就行得通。

七個習慣的架構基礎在於以原則為重心的方法,可滿足生理或經濟、社會、心智及心靈需求。七個習慣的方法是由繁化簡,由內而外,能化解尖銳而長久的問題。為了解釋七個習慣的架構運用,讓我與你分享一則故事,請注意他們何時開始運用七個習慣去了解、解決心中的憂慮。

一位婦女分享她的故事:

我的婚姻向來不穩,因為我和老公都很固執。約莫一年半前,我們鬧得很僵。傑夫早在三年前便告訴我,他想遠赴賓州念研究所。我很不高興,因為我的事業看好,兩人也才剛買房子,我的家人全住在附近,我十分滿足於現狀。因此,我抗拒了半年。

最後我決定,心想既然結婚了,只好嫁雞隨雞。我萬分不甘的隨傑夫遠赴賓州,接下來的兩年,由我負擔他的經濟。我在那邊很不快樂,由於不習慣東岸,我花了很長一段時間才適應賓州的生活。我在那邊沒有親友,一切都得重新來過。我把自己的不快樂全歸罪於傑夫,因為是他把我拖來的。

當傑夫終於畢業後，我說：「好啦，現在該換你找工作了吧？」他很負責的乖乖去找工作，可是卻四處碰壁。傑夫為此十分沮喪。但我並不在乎他的心情，只希望他盡速找到工作，讓我擺脫討厭的大學城。

傑夫偶爾會跟我談到他的感受：「我想自己開業，我不太想為別人工作。」我則說：「我才不管你呢！為了你要念書，我們欠了一屁股債，現在你得找份工作負擔家計。我想安定下來，你根本都沒替我想。」我終於受夠了傑夫的舉棋不定，負氣離家，回去看自己的父母。

我在西部時，決定去面試工作，結果竟然錄取了，我打電話給傑夫：「你沒有找到工作，但是我找到了。」這份工作我做了差不多三個月，就在這段期間，我接觸到七個習慣的方法。

我們立場對立，而且分隔兩地，他住賓州，我在猶他州，兩人幾乎不說話；我們沒有自己的房子，所有家當都堆在倉庫裡；我們有一個孩子，但夫妻關係岌岌可危。

傑夫終於決定與我細談。

傑夫抵達的當晚，我們一起去吃晚飯。我心想，我要試試用雙贏的態度跟他集思廣益。我跟傑夫解釋一些七個習慣的方法，他同意試試。接下來的幾個鐘頭，我們在餐廳討論問題，兩人開始將自己想從婚姻中得到的事項列出清單。他很訝異的發現，我真正想要的是安定，而不是他能否有份正常的工作，只是我以為，正常的工作就代表安定。

「如果我自己開業，又能給你安定，你能接受嗎？」他問。

我說：「當然可以。」

「如果我能辦到，你也能找到喜歡的工作、住在自己喜歡的地方，你覺得好嗎？」

我說：「當然。」

他又問：「你不喜歡工作嗎？所以才一直要我去找工作？」

我說：「不是，我其實很喜歡工作，我只是討厭那種『全是我的責任』的感覺。」

雙方你來我往，把所有事都攤明了。當晚離開餐廳時，我們擬了一份單子，上面是兩人定義分明的期望。我們將它們寫下來，以免無法忠於自己的計畫。

去年九月，那次晚餐的週年慶時，傑夫拿出那張單子，我們細數曾經發生的事：傑夫開了自己的店，業務蒸蒸日上，我們的債務也逐漸償清。我更嚴肅的對待自己的工作，也更喜歡自己的工作；我得到幾次升遷，而且終於找到自己真正喜歡做的事。

事實上，我們做到了單子上的每件事。我生平首次有了安定的感覺，心中十分踏實快樂。這都歸功於那天晚上，兩人坐下來決定體現習慣四、習慣五與習慣六。

注意到這位婦女如何積極選擇（主動積極）面對婚姻中的挑戰嗎？即使困難重重，她仍決定實踐習慣四（雙贏思維）、習慣五（知彼解己）與習慣六（統合綜效）。她對先生解釋流程，兩人一起列出清單，擬出雙方對婚姻的冀求（習慣二：以終為始）。

注意他們如何開始以互惠的方式思考（雙贏思維），進而了解彼此（知彼解己）。當兩人展開討論，變得愈發坦然時，便會發掘更多對方的感受。他們揪出癥結，最後擬出一份共享的期望（以終為始）。後來兩人一再依循該清單評估自己的進展（不斷更新）。

看到這對夫妻如何利用七個習慣的架構，創造婚姻及生活的正面改變了嗎？再次強調，這個架構最強之處不在於個別的習慣，而在於它們的交織運用。七個習慣協同作用的結果，創造了強大的結構，能有效解決問題。

請你想出一個家裡的問題，看看如何套用七個習慣的架構。如果你能培養出使用這套方法或類似流程的習慣，家庭的效能將會大為提升。當每項挑戰都使你回歸這些基本原則；當你明白它們如何在各種情況下發揮作用，你會開始認識它們普遍而恆常的本質。

七個習慣的架構，確實能為你的家庭帶來新的溝通層次。在面臨任何情境時，它們都會激勵你成為推動變遷的舵手，這比任何事都需要勇氣。

事實上，就是因為環境困厄，你才能表現勇氣。如果周遭的環境與人都鼓勵你，為你灌注勇氣，他們的影響力往往便足以推動你；反之，如果他們打壓你，你就得自己鼓足勇氣。四、五〇年代的社會鼓勵家庭的存在，然而，當今的環境並不提供這種鼓勵，因此，能不能成為推動變遷的人，勇氣是關鍵條件。有勇氣，才能在今日的惡劣環境中，創造優良而富正面態度的家庭環境。

謙卑與勇氣

身為家庭的領導者，當你擁有明確而富價值的使命，它們將驅策你鼓起勇氣，克服恐懼與不安，展開你從本書學到的事物。

謙卑與勇氣可比擬成家中的母親與父親。謙卑使我們承認掌控的原則；勇氣使我們在悖逆的社會價值體系中堅守原則。勇氣與謙卑所生的孩子是誠實正直、依循原則的人生；操守則是智慧與富足的心態。即使個人或家庭偏離航道，這些原則將使我們依然存有希望，並不時回歸正途。雖說家家有本難念的經，但是，唯有家庭能給人更豐碩的回饋及更深層的滿足。

每個人都有家庭，都可以問：「我的家庭傳承是什麼？」每個人也都能為家族留下傳承。我個人以為，除了個人與家庭的影響力，我們還可借助於更高的形式——信仰的力量。如果我們堅守信仰，不放棄頑劣的子女，盡力導正他們，上蒼也許會在某時某地顯其大能。我們永遠不知道人何時會受到激勵、直探自己的心性，並運用人類最珍貴的選擇能力，選擇浪子回頭。

我常在飛機停降時，看到和樂的一家人在出口等待返家的親人。我會駐足觀看，細心感受，他們與我都再次確認了一點——人生其實就是一條返家的路程。

起步的建議——成年人、青少年篇

（一）溫習生存、安定、成功與意義的內容。探討並定義這四個層次的主要特質。問家人：我們家目前的處境如何？我們的目的地何在？

（二）討論抑制力與驅力。問家人：我們如何排除抑制力，讓驅力鞭策我們前進？

（三）閱讀以原則為重心的家庭領導之樹。討論楷模、輔導、規畫與教導四個領導角色。談談每個角色的主要特質，提出以下問題：

- 為什麼信賴感對以身作則很重要？

● 為什麼建立信任感是輔導的重要部分？如何建立信任感？

● 在家庭的領導工作中，規劃與組織何以占有如此重要的地位？家人齊心共事的原則是什麼？要如何應用？

● 為什麼教導對家庭那麼重要？家庭又該如何強化教導的工作？

（四）討論以原則為重心的家庭領導工作常見的三項通病。

（五）請參照習慣四，溫習紀律與處罰有何不同。問家人：在不施以處罰的情況下，以原則為重心的領導工作如何協助我們遵守紀律？

（六）討論這段話：「不論你喜不喜歡，你都是家庭領袖！」為何這句話是正確的？

起步的建議——兒童篇

（一）把所有家人的名字寫在紙條上，放在箱子裡讓大家抽，不要讓別人知道自己抽中誰。鼓勵大家，在接下來的一週盡量關懷並幫助自己抽中的人，注意對方有什麼感受。

（二）分享個人或全家的助人經驗，並協助子女思索如何幫助身邊的人，鼓勵他們身體力行，一週後讓他們分享心得。

（三）讓年幼的子女參與你為鄰人、朋友及社區所做的服務工作。看到你的榜樣，子女長大後也會變得慷慨大方，真誠關心別人的福祉。

高成就文化，從心開始

富蘭克林柯維是全球最值得信賴的領導力公司。

我們的服務遍及一百六十多個國家，透過建立卓越領導者、團隊與文化轉變組織，實現突破性成果。這些領導力與組織變革的方法，在三十多年來與數以萬計團隊與組織的合作中，得到測試與淬鍊。

我們的使命：在世界各地協助個人與組織成就卓越。

我們的願景：深刻地影響全世界數十億人的生活、工作，並實現他們自我的偉大目標。

在富蘭克林柯維，我們重視：

- 全人思維：我們擁抱每個人的獨特性和多元性，努力打造歸屬感文化。
- 實踐原則：我們對所傳授的原則和知識充滿熱情，並致力於成為實踐的典範。
- 聚焦客戶：我們深切地關注客戶，協助他們實現自身遠大目標。
- 盈利成長：無論是個人還是組織，我們致力於實現有意義的成長。

我們的基本信念：

- 人們擁有與生俱來追求卓越的天賦，並且有能力做出選擇。
- 原則是永恆、普世的，是持續效能的基礎。
- 領導力是一種選擇，由內而外，以品格為基礎打造而成。卓越的領導者能夠釋放團隊的才華和熱情，邁向正確的目標。
- 高效能習慣來自堅持不懈地運用整合流程和工具。
- 持續卓越的績效需要產出與產能的平衡，即同時聚焦於目標達成與培養能力。

當您閱讀完此書，是否希望獲得更多學習與成長的機會呢？

富蘭克林柯維公司在台灣、香港和新加坡皆設有服務據點，歡迎致電 886-2-2325-2600，或瀏覽官網 www.franklincovey.com.tw，讓我們有機會為您提供更專業與詳盡的服務。

歡迎掃描下方各社群媒體平台，讓您即時獲得富蘭克林柯維最新資訊、掌握終極競爭優勢！

有關兒童、青少年、老師、學校、家庭等教育領域，歡迎致電 886-2-2703-5690，或瀏覽官網 www.peducation.com.tw。

國家圖書館出版品預行編目(CIP)資料

七個習慣打造幸福家庭／史蒂芬・柯維（Stephen R. Covey）著；汪芸翻譯. -- 第五版. -- 臺北市：遠見天下文化出版股份有限公司, 2023.10
面；　公分. -- (心理勵志；BBP478)
譯自：The 7 habits of highly effective families
ISBN 978-626-355-320-0 (平裝)

1. CST：家庭　2. CST：家庭溝通
3. CST：親子關係

544.1　　112010367

心理勵志 BBP478

七個習慣打造幸福家庭

The 7 Habits of Highly Effective Families

（原書名：與幸福有約）

作者 — 史蒂芬・柯維（Stephen R. Covey）
譯者 — 汪芸

總編輯 — 吳佩穎
責任編輯 — 林家瑜、林慧雯（特約）、許玲瑋、陳怡琳
封面設計 — 張議文
圖表繪製 — 吳靜慈（特約）

出版者 — 遠見天下文化出版股份有限公司
創辦人 — 高希均、王力行
遠見・天下文化 事業群榮譽董事長 — 高希均
遠見・天下文化 事業群董事長 — 王力行
天下文化社長 — 林天來
國際事務開發部兼版權中心總監— 潘欣
法律顧問 — 理律法律事務所陳長文律師
著作權顧問 — 魏啟翔律師
地址 — 台北市 104 松江路 93 巷 1 號 2 樓

讀者服務專線 — 02-2662-0012 ｜傳真 — 02-2662-0007, 02-2662-0009
電子郵件信箱 — cwpc@cwgv.com.tw
直接郵撥帳號 — 1326703-6 號　遠見天下文化出版股份有限公司

電腦排版 — 立全電腦印前排版有限公司
製版廠 — 東豪印刷股份有限公司
印刷廠 — 祥峰印刷事業有限公司
裝訂廠 — 台興印刷裝訂股份有限公司
登記證 — 局版台業字第 2517 號
總經銷 — 大和書報圖書股份有限公司　電話／(02) 8990-2588
出版日期 — 1998 年 5 月 26 日第一版第 1 次印行
2023 年 10 月 31 日第五版第 1 次印行

定價 — NT 450 元
ISBN — 978-626-355-320-0
EISBN — 9786263553248（EPUB）；9786263553231（PDF）
書號 — BBP478
天下文化官網 — bookzone.cwgv.com.tw

天下文化
BELIEVE IN READING